日本人が忘れてはいけない

美しい日本の言葉

倉島長正

青春新書
INTELLIGENCE

はじめに

　日本語が乱れているとなげく人は多い。実はその人自身が乱している場合だって少なくない。無理もないことで、本来のというか、伝統的な日本語や言葉の使い方を、日本人全体が忘れつつあるからである。

『ニホンゴキトク』というしゃれたタイトルの本を出されたのは久世光彦《くぜてるひこ》さんだった。長年にわたって向田邦子さんの脚本で、ドラマを世に送りつづけてきた方としても有名だが、昔のあれこれを思い出して、言葉への愛着を語ったものだった。

　さて、久世さんじゃないけれど、「ニホンゴキトク」とあちこちに電報を打ちたくなる。電文「ニホンゴキトク、チリョウヲコウ」とか「ニホンゴキトク、ナントカサレタシ」とかが浮かぶ。ところが、その電報を打つべき相手が思いつかない。日本語専門の救急治療師や名医はいるのだろうか、いるはずがない。日本語の治療ができるのは日本人一人ひとりであり、それは一部の知識人などではない。日本語の使い手全体の力によってはじめて治療が可能なのだ。欲ばって完治を願うのは無理だし、実はそんな必要もない。言葉は時代とともに変化していくからである。

日本語の現状をなげいたり、その将来を危惧《きぐ》したりする方々の中には、書籍という形で世の人々に訴える人もある。消えた言葉、消えかけている言葉の辞典、ギョットするような死語辞典、死語ノートといった本が次々と出版され、中には半死半生語などと冠したものもある。大方は日本語の消えていく姿、死に臨んでいる姿をあわれんでいるようだ。良き時代をなつかしみ、時の流れとともに消えていく速さを教えてくれるものもある。

本書とて、それらの仲間なので、威張るほどのことではないが、それぞれの言葉の語源や本質に迫ってみた。こうして成り立ち、このように使われてきた言葉ですよと、語ることをまず心がけた。このように言う方が品があっていいじゃないですか、こういう言葉をもう一度使ってみませんかと、遠慮がちに声をかけてもみた。

実はこの本は、事情があって、ほぼ半月で書き上げたものである。それを弁解にするわけではないが、見当違いや、ひょっとして勇み足もあるかもしれない。それらについてはご叱正《しっせい》願うとして、日本語に興味を持ったり、日常の言葉づかいを振り返ってみたりする契機を提供できたとすれば幸いである。もちろん、ああそうかの連続でたのしんでいただくだけでも結構である。ともあれ、日本語はまだまだ大丈夫である。あわてて卜ムライの電文を考える段階には至っていないことに共感していただければ、それも有難い。

執筆に当たっては、もっぱら『日本国語大辞典』の第二版全十三巻のお世話になった。多少なりとも解説に深まりを出すことができたのも、こんな短期日で書けたのも、この大辞典のお陰であった。天眼鏡も使って活用させてもらった結果、こうしたらどうかと気づくところも、ままあった。しかし、それらとて引用例で補ってくれるものが多かった。いささか縁があったから言うわけではないが、豊富な用例文を取り込んだ大辞典の存在はいよいよ大きく見えた。とは言え、この辞書も、あまたの先人たちが残してくれた遺産を継承して成ったものである。そこで、何人かの先達の言葉を、各章のタイトルに引用し、いささかの敬意を表した次第である。

付録として、物の数え方について少しく述べた。耳遠くなっていたり、ちょっと変わっていたりする数え方をも、思いつくままに挙げてみた。「つ」と「個」の使い方では、多少若い人の批判めいたことにも及んだが、これも日本語の伝統を少しでも大事にしたいと希望するがゆえのこととて、ご勘弁願いたい。

平成十六年臘月　　倉島長正

日本人が忘れてはいけない美しい日本の言葉●目次

第二章　それってどんな人だっけ？

第三章　それって何のことだっけ？

第四章　それってどんな様子だっけ？

第五章　うまいこと言うねぇ！

第六章　忘れてたけど言っていた！

付章　物の数え方

カバー写真提供　オリオンプレス
DTP　ティープロセス

第一章　なんて美しい言葉だろう！

近年、文化財の保護ということが重視されているが、吾々《われわれ》の護《まも》るべき第一の文化財は、日本語そのものでなければならぬ筈《はず》と思う。

——小泉信三《こいずみしんぞう》『平生の心がけ』より

ゆかしい

「ゆかしい」は、「奥ゆかしい」のもとになる語だ。形容詞として「ゆかしい」を単独で使われることが少なくなっていて、ぱっと頭に浮かぶのは、「古式ゆかしく」という言い回しぐらいか。この場合の「ゆかしい」は、懐かしい、しのばれる、という意味だ。

「ゆかしい」は「床しい」と書くが、これは当て字。もとの文語形は「ゆかし」で、動詞の「行く」が形容詞化した言葉とされる。かといって「行かしい」とは書かないで、その意味から「懐しい」を当てることもある。心が向いてゆく、心が引かれる様子を意味している。だから、「奥ゆかしい」は、奥まで行ってみたいという気分で、その人の心に広がりや深みがあることを褒めて言う。

なお、「古式ゆかしく」を「古式ゆたかに」と言う向きもあるが、宮中や神社仏閣の行事などの場合、やはり伝統的な「ゆかしく」の方が品よくきれいに聞こえる。「古式ゆかしく執《と》り行われた」とか、「古式ゆかしい舞が披露された」などと使われる。

おもはゆい

「おもはゆくて、顔がまともに見られなかったわ」と言えば、この女性はその相手に対して恥ずかしかった、という意味になる。

「面映ゆい」と漢字で書けば、この言葉の雰囲気がよくわかる。「面」はつまり顔のこと。「映ゆい」とは、相手のかがやきにまぶしいという意味だ。つまり、顔がまぶしくしっかり見られない、というわけだ。そこから、照れくさい、恥ずかしい、きまりが悪いと、相手と会うときに、気後《きおく》れすることを表現する言葉になった。

男も女も互いに恥じらう気持ちそのものが減っていく中で、「大勢にかこまれておもはゆかった」などのように、余程刺激が強くないと口にしなくなった言葉だ。

「おも（面）」を取り入れた「おもざし（面差）」という言葉もある。顔つき、顔の様子を表す言葉で「彼女のおもざしは、お母さんそっくり」などと使う。きれいな響きの言葉だが、こちらもあまり聞かなくなってきた。

やんごとない

「あの方は、やんごとないお生まれだから、決してそそうのないように」などと使われた。とても高貴である、という意味だ。『源氏物語』の書き出しにある、「いとやむごとなききはにはあらぬが（大変高貴という生まれではないが）すぐれて時めきたまふありけり」で知られている。

「やんごとなし」とは、「止む事無し」からきている。とどまる事はない、つまり、やむをえない、ないがしろにしてはおけない、という意味だ。そこから、特別である、極めて尊いということも表現するようになった。

高貴の意味で「やんごとなき人」とか、「やんごとなきお生まれ」とかは、もはや、皇室や外国の王室の方々に対して以外には、使われることはない。

やむをえないという意味ではまだ普通に使われて、「やんごとなく欠席」とか「やんごとない事情で参上しかねます」とか言えば、同じ断るにしても品があってきれいだ。

そこはかとなく

「そこはかとなくいいかおりが漂っている」とか「そこはかとない思いにかられて来てみた」などと使う。

もともと、「そこはかと」という副詞があった。「そこ」は今日も使う代名詞で、「はか」は「はかどる」「はかが行く」などの「はか」と同じで量的な目あてのことで、さらにさかのぼれば「はかる」にまで至る。「そこはかと」で、どこがどうとはっきりしているさまを言った。「そこはかとなく」は、これに打ち消しがついているので、どこということもなく、はっきりとはしないがなんとはなしに、という意味になる。

『徒然草』の書き出しは、「つれづれなるままに（略）心にうつりゆくよしなしごとを、そこはかとなく書きつくれば、あやしうこそ物ぐるほしけれ」である。「つれづれ」「よしなしごと」「そこはかとなく」「あやしう」と、よくもこれだけぼんやりとして、とりとめもない雰囲気のある言葉を並べたものである。

たまゆら

わずかな時間、しばしの間を意味する古語だ。今日では「たまゆらの命」くらいしか使わない。詩には登場するかもしれない。北原白秋も『邪宗門《じゃしゅうもん》』の一篇で「紅《くれなゐ》の、戦慄《わななき》の、その極《はて》の瞬時《たまゆら》の叫喚《さけび》燬《や》き、ギオロンぞ盲《めし》ひたる」と使っている。

この言葉は漢字で「玉響」と書く。『万葉集』以来の伝統的な表記で、玉のふれ合うかすかな音から、時の間の意になったとされる。ただし、玉の音だけを連想するのではなく「ゆらぐ」姿をも思い描く方がよさそうだ。葉面に置かれた露の玉が、はかなげに「ゆらぐ」情景などを連想すると得心がいくのではあるまいか。さらに、こむずかしいことになるが、「玉響」は玉の響きとともに光をも共有するものと見立てて「玉かぎる」と読むべきだという説もある。「かぎる」はかすかに光を発する意とか。

さて、語源も意味も語感も理解したとしても、それを使う場面は思いつかない。意味も響きもきれいな言葉でもったいないが、もはや完全な古語と見るべきかもしれない。

つつがなく

「つつがない」とは、何事もなく無事であるということ。「つつがなくお過ごしのことと存じます」など、相手の無事を確認し、願うときに使う。また、唱歌『故郷』の一節「いかにいます父母、つつがなしや友がき」を思い出す人も多いだろう。漢字で書くと、「恙無い」となるが、この「恙」がツツガムシのことだというのは、ご存知だろうか。

ツツガムシは、日本をはじめ、東南アジア諸国に発生するダニ目の虫。日本では、秋田、新潟、山形などの川で知られていた。この虫に刺されると、ツツガムシ病にかかる。頭痛、食欲不振、発疹などの症状が出て、かつては死に至ることも多かった。だから、ツツガムシがいないことは、何事もなく無事であるという意味で使われるようになったのだ。

手紙の書き出しに「お元気のことと……」とか「ご健勝のことと……」とかに代えて、冒頭のように「つつがなく……」を使うと奥ゆかしさが出るというものだろう。いまだに「恙無く……」と漢字で書く人も多い。

ゆめゆめ

強い否定、禁止の意味の方で、今でもわりあい使われているが、古くは肯定でも使われたものである。今日では、「彼が人をだますなんて、ゆめゆめ思ってもみなかった」「あなたと結婚することになるなんて、ゆめゆめ思っていませんでした」「はなから自分にはできないなんて、ゆめゆめ思いなさんな」などと使う。

元来は「ゆめ」単独で使われた語。「ゆめ心せよ」が、「ゆめゆめ心せよ」となり、「ゆめおろそかにすべからず」が「ゆめゆめおろそかにすべからず」と、二つ重ねて強調するようになった。語の持つ意味によって、古く記紀の時代から、忌み謹しむようにとか、しっかりと注意すべきだといったニュアンスを伴って用いられていた。

また、「つとめて……」という意味から漢字「努」や「努力」が当てられ、「夢にも……」という意味用法から、「夢」を当てるようにもなった。同義語「決して」もそうだが、当初は肯定、否定ともに用いたが、のちには多く打ち消しを伴うようになった。

たゆたう

「たゆたう雲」「さざなみにたゆたう小舟」「椿《つばき》の花がゆっくりとたゆたいながら流れていく」などと使った。

意味は、ゆらゆらと動き、定まらないこと。水や空中を漂うことだ。「ただよう」は今もよく使われるが、「たゆたう」は使われなくなってしまった。いずれも語源ははっきりしないが、語音から直ちに語感を感じとることができよう。

その語感のせいか、「ただよう」よりも「たゆたう」の方が、はかなげに、優しく揺れているようなイメージがある。ゆえに、激しい暴風雨の海にある船は、「たゆたう」よりも「ただよう」の方がしっくりくる。そこで、「ただよう」は、不安定でたよりなく、ふらふらすることになる。船ならず人について言う言葉は「さまよう」である。

また、「たゆたう」には、ためらい躊躇《ちゅうちょ》する意味もあるので、「たゆたう心」「少したゆたって」などと、ちょっと昔までは、少し気どって使われていた。

くゆらす

「タバコをくゆらす」と使う。紙巻きタバコよりは、「葉巻をくゆらしている」の方がよく似合う言葉だ。タバコを吸って、その煙を立ちのぼらせる意だが、「吸う」よりはゆったりと時間をかけてその煙に親しむ雰囲気がある。

お香を焚《た》いて、かおりを立ちのぼらせるのも「くゆらす」だ。もちろん、お線香の煙でも同じである。

漢字を当てるとすると「燻」か「薫」だが、タバコの煙にしろお香のかおりにしろ、ひらがなの方が似合う。だいいち、漢字で書いては、「いぶす」「くすぶる」などと読まれかねない。

さて、「くゆらす」は、主として立ちのぼらせるイメージが強い。ただし、ゆらゆらとだから、横になることだってあるだろう。かといって、タバコや香の煙がたなびくことはない。「たなびく（棚引）」のは、雲や煙突の煙だ。

身ぎれい

「あの人はいつも身ぎれいにしている」と言えば、単に清潔な人ということではない。はたまた、おしゃれで着飾っている人でもない。「身ぎれい」とは、身なりのみならず、その人の身のまわりが小ざっぱりとしていることを指す。つまり、普段の格好にしても、部屋の様子にしても、決して贅沢でもゴージャスでもなく、まことにほどよい感じで好感の持てる暮らしぶりや、そのような人について言う。

ここで「きれい」そのものの歴史を振り返っておこう。「きれい」はれっきとした漢語「綺麗」から出た言葉だ。もとは綾織《あやお》りのようなはなやかで美しいさま、つまり「美麗《びれい》」に近い意味だった。それが、華美でなくさっぱりとした美しさ、清浄感を好む日本に来て変わった。物ばかりでなく、人の心やそのありようをも言うようになった。つまりは「きよい」「いさぎよい」の方に近づいたと言えよう。「きれいさっぱり」がその気分をよく表している。

居住《いず》まい・たたずまい

漢字表記「居住」からわかる通り、そこに居て住まうのが原義である。転じて、そこに居続ける、座っている意ともなった。暮らしの様子や、座り具合を言う。しかし今日では、「居住まい」がいいとか、悪いとかそれ自体を問題にする用法はほとんど見られなくなって、もっぱら座っている姿勢を問題にして、「居住まいを正す」という慣用句の中で生きている。「居住まいを正す」は、文字通りにとれば、ただ単に座っている姿勢を正す、ということだが、その裏には、気持ちをひきしめる、心を新たにする、という意味も含まれている。日常語の、「しゃんとする」「背筋を伸ばしてしゃんとする」ではもの足りないところを補ってくれるし、語感に格調もあり、大切にしたい言葉である。

同じように格調のある言葉に「たたずまい」がある。さかのぼると、「たたずまう」から「たたずむ」に至る。意味はもののありよう、様子のことだが、広がりがある。「家のたたずまい」とも言うし、「村のたたずまい」「野や山のたたずまい」などとも言える。

たなごころ

「私の頬を包んでくれたお母さんのたなごころは、やわらかくて温かかった」「たなごころでしっかりと受けとめた」などと使う、いや使ったと言うべきかもしれない。「たなごころ」とは、手のひらのことだ。手のひらと同じく「掌」も当てるが、かなの方がよい。

この言葉は、もともと、「手の心」が変化したもの。手の中心、大事なところの意だろう。味わい深い、優しい響きの言葉である。先にあげた例文で考えてみても、手のひらにはない、心が通っている雰囲気がある。

生き残った古語の通例として、多くは慣用句の中に生きている。「たなごころを返す」は「手のひらを返す」と同様に、事態を一変させること、あるいは裏切るなどといった意味でも使われる。もう耳遠いが、「たなごころにする」は、手中に収めることで、「たなごころを指すごとし」は、物事が明白であるさまを言う。今日では「たなごころを指すように明白じゃないか」などと、明らかなことを強調するときに使うことが多いようだ。

お口よごし

人に供する食べ物が、粗末であったり少量であったりするのを謙遜して、「ほんのお口よごしですが、どうぞお召し上がりください」などと言う。相手の口をよごしてしまうかもしれないとか、ほんのよごす程度の量とかいう気持ちを伝える奥ゆかしい表現である。「お耳よごし」「お目よごし」という言い方もあってよさそうだが、普通耳にしない。自分の歌などを聞いてもらうときは「お耳をわずらわして……」とか「お耳をけがして……」とかになろう。自分の絵や文章を見てもらうときは、「お目をわずらわして……」とでも言うことになろう。

ところで、人の体や部位に敬意を表するためにつける「お」は厄介だ。「お手」は、「お手を拝借」まではいいとして、犬に要求する「お手」もある。「お足」と言ってはお金のことになりそうなので「おみ足」となろう。「お髪」は美容院などではいいとしても、「おぐし」というきれいな言葉も思い出してみたいものである。

丹精《たんせい》を込《こ》める

「この盆栽は、祖父が丹精込めて育てたものです」「今日の夕飯は、妻があなたのために丹精を込めて作りました」などと使う。意味は言うまでもなく、真心を込めて事に当たることだ。「丹精無二」といえば、くらべもののないほどに丹精を込めて、ただただ一途に事に当たる、という意味になる。

「丹精」の「丹」は、「丹頂鶴」でもわかる通り、赤に同じだ。あまりピンとこないかもしれないが、古くは「丹誠」と書いたと言えばわかってもらえるだろう。つまり「赤誠《せきせい》を吐露する」の「赤誠」に同じだ。あるいは、「赤心神《せきしん》に祈る（誓う）」の「赤心」だと言えば、うなずく人がもっと増えるかもしれない。

いずれも「真心」を意味するが、戦時中や右翼を思い出してしまって、「赤誠」や「赤心」は敬遠されるし現実にも使われないようだ。「真心」と言い替えても意味は変わらないものの、印象は大きく違う。漢語の持つ力強さによって、すっきりと立つ感じがある。

結納《ゆいのう》

この言葉の意味がわからない大人はいないだろう。しかし、結婚にまつわる行事全般が昔ほど大げさに行われなくなったこと、また、各自が慣習にとらわれず独自の方法で執り行うようになったことなどから、「結納」そのものが忘れ去られつつある。

「言い入れ」すなわち申し入れることからきている語だ。「いいいれ」を「ゆいいれ」とも言い、「結入」あるいは「結納」と書いた。両人を「結びおさめる」という気分が合致して、「結納」の方が、訓と音の合体した湯桶《ゆとう》読《よ》み漢語として定着した。

ほんのひと昔前まで、女性は男性の家に嫁ぎ、嫁としてもらわれていく身であった。だからその代わりに、男性の家は女性の家にそれなりの金品を渡していたわけだが、もはやそうした考え方じたいが消えつつある。しかし、「結納」を「ゆいおさめ」とでも読みなすことにすれば、現代に生きてもよい魅力ある漢字語ではあるまいか。もっとも、そうなると「結い納め」などと、しまりのない表記にしなければならないので現実味はない。

たおやか・たおやめ(手弱女)

「しなやか」は今でもよく使われるが、「たおやか」という形容動詞を使うことは少なくなってしまった。意味は、姿形や物腰が、しなやかで優しい様子を指す。主に女性に対して使う。「たおやかな乙女」ぐらいはいいが、「たおやかな女性」とまでは言いにくい。わずかに「たおやめ」が化石のように残っている。

古く、「婦人」に「たをやめ」を、「男子」「丈夫」に「ますらを」を当てた。「手弱女」と書くところから、「たよわめ」を語源とする説があるが、単なる当て字だから無理がある。むしろ、類語「たわやか」の存在なども「しなう」に似た語「たわむ」にさかのぼるべきだろう。

ちなみに「たおやめぶり」とは、『古今和歌集』以降の和歌で、女性的で優雅な歌風のこと。これに対するのが、「ますらおぶり」で、万葉調の男性的でおおらかな歌風。江戸中期の国学者、賀茂真淵《かものまぶち》が使った言葉で、技巧に走りがちな「たおやめぶり」を退けた。

ますらお（益荒男）

「ますらお」は「ます＋お」で「益男」。そこに挿入された接尾語「ら」にひかれて「益荒男」と書き、雄雄しくて強い、立派な男を指した。

賀茂真淵が『万葉集』の「ますらおぶり」を称揚《しょうよう》したのは前項で見た通りだが、では『万葉集』の世界の「ますらお」はどんなふうであったのかとのぞいてみると、雄雄しいというよりも、あわれにも悲しい現実の姿がかいま見られる。

「大君の命《みこと》のままに」矢筒を背負って出かけて、なかなか帰らない夫「ますらお」を待ちわびる妻のなげきは大きかった。「唐国《からくに》に行き足《た》らはして帰り来む」とて、時には中国にまで出かけたらしい。現実の「ますらお」は、真淵のいう「ますらおぶり」と違って命がけでもあったらしい。

イラクへ派遣される自衛隊員は、もはや「ますらお」とは見えない。男女混成パーティーでキャンプに行ったときなどに発揮される「ますらおぶり」は、かわいいものだ。

ことほぐ・言霊《ことだま》

「長寿をことほぐ」「新春をことほぐ」など、それを祝って喜ぶときに使う。もっと丁寧に言うと「ことほぎ奉《たてまつ》る」となる。

漢字では「言祝ぐ」と書く。「こと」は「ことのは」「ことば」などのもとになった語で、「ほぐ」も言葉にして唱えることを言った上代語「ほく」による。祝いの言葉を口にして祈る、という意味だ。「寿ぐ」と書くこともあるが、こちらは当て字だ。

古来、言葉には力が宿っているものと考えられてきた。そこで、発する言葉通りになるという「言霊信仰」が生まれた。「言霊」があればこそ、「言技《ことわざ》」があり、それが今日なお「ことわざ（諺）」となって生きている。

「言霊の幸《さき》はふ国」という言葉もある。言葉の持つ不思議な力によって豊かに栄える国の意で、日本のことを言った。このことをあまり強調しすぎて、再び国粋主義に傾くのはよくないが、いつの時代でも「言葉の力」を信じ、おろそかな言葉づかいは避けたいものだ。

まほろば

『古事記』の「大和《やまと》は 国のまほろば たたなづく 青垣《あをかき》 山籠《やまごも》れる 大和しうるはし」を思い出すとしても、別の例が続かない、全くの古語だ。

歌誌の名に一つぐらいあってもいいと思うが、記憶がおぼろだ。

「まほろば」の意味は、すぐれた良い場所、国ということ。「まほら」「まほらま」とも言ったらしい。その「まほ」は漢字で「真秀」と書く。「真」は接頭語で「秀」は「穂」と同じ、高く抜きんでていることを言う。そこで、すぐれている、まともだといった意味になる。「まほ」にひかれて、その反対語「かたほ（片秀）」が生まれて、不完全である意から、容貌の悪さにも言った。

ちなみに、「まほ・かたほ」と対になっている言葉が別にある。すなわち、帆船の走航に関するもので、「真帆」は追い風で帆走すること、「片帆」は横風を受けて帆走する状態を言う。こちらは現役の日本語だ。

おてんとうさま（御天道様）

太陽のことを敬《うやま》ったり、親しみを込めたりしてこう呼ぶ。お日様と同じだ。「天道」は、もと「てんどう」と読み、文字通り「天の道」で、大自然を司《つかさど》る天や天の道理、摂理を言う。天地を主宰する神様、天帝のことだ。それがやがて、太陽を意味する言葉になった。音も「てんどう」に変わって、身近なものになった。

「天道任せ」「御天道様任せ」と言えば、自然の成り行きに任せる、運を天に任せる、という意味。また、「天道ぞ」とは、天道にかけて誓って、という意味だ。

「ご飯をそまつにしては、おてんとうさまに申し訳ないよ」「ほらほら、おてんとうさまが見ているよ」などと言って、昔の人は子供を叱ったものだ。「おてんとさま」「おてんとさん」と短く言うことも多かった。

偶然に人の悪事が目にとまってしまったときなどには、「おてんとさまがお見通しだよ」とやんわりとたしなめると、あまり角が立たないし、粋である。

しぐれ（時雨）

次の次の項「小ぬか雨」のところで、いろいろに降る雨を挙げてみるが、情緒的なというか文学的というか、おもむきのある言葉の代表としてまずは「しぐれ」を見ておきたい。中国伝来の「じう（時雨）」に、和語「しぐれ」を当てたもの。中国語では季節感は伴わないが、季節に敏感な日本人は、その降る季節を特定する傾向がある。一般的には、秋の終わりから冬の初めにかけて降ったり止んだりする雨のことを言う。俳句では初冬の季語とされる。

和語「しぐれ」は「過ぐる」に通じるもので、通り過ぎていく雨のことだろう。だから本来は季節には関係のないものだ。佐藤春夫の詩『しぐれに寄する抒情』がその理解を助けてくれるので引いておこう。

しぐれ／しぐれ／もし／あの里を／とほるなら／つげておくれ／あのひとにというわけで、これは季節を越えた願いである。

さみだれ(五月雨)

文字通り五月に降る雨のことではあるが、この「五月」は旧暦の「五月」であり、新暦で言うと「六月」から「七月」にかけてのころの雨だ。もともと、「梅雨」のことを指し、旧暦五月に降る長雨のことだったのだ。

「五月雨をあつめて早し最上川」は、降り続く長雨によって水かさの増した情景をよんだ芭蕉《ばしょう》の名句だ。もと「あつめて涼し」だったらしいが、推敲の結果、最上川の雄大さが出た。単に涼しさを求めるよりは、川の流れに注目して、五月雨も最上川も生き返ったように思える。

「五月雨」は、降ったり止んだりするところから、長く継続せずに少しずつ繰り返されるものの形容に使う。「さみだれデモ」「さみだれスト」はもはやなつかしい部類になった。「さみだれ攻撃」は、実戦の場ならずとも「さみだれ攻撃でついにくどき落とした」などと、比喩的にも使われる。

小ぬか雨・篠《しの》突《つ》く雨・車軸《しゃじく》の雨

「小ぬか雨」は、漢字では「小糠雨」と書き、「小糠」は米を精白するときに出る細かい粉のこと。簡単に言えば、小雨ということだが、「霧雨《きりさめ》」よりは少々雨粒が大きい雨のことを言う。夏目漱石は『草枕』で、霧雨を「雨の糸が濃《こま》やかで殆《ほとん》ど霧を欺《あざむ》く位」と描き、それが「糠の様に見える粒《つぶ》」の小ぬか雨に変わっていって、さらに太く長くなり、激しい雨脚と変化する情景をつぶさに描写した。

日本には古くから、雨の様子を表すきれいな言葉がいろいろ使われてきた。「しのつく雨」は「篠突く雨」と書き、「篠」は群がって生える細い竹のこと。そこから、篠を突き下ろすように、雨が激しく降ることを表している。もっとひどく降ると「車軸の雨」となる。これを文字通りに車の心棒のように太い雨と解説する辞書が多いが、違うと思う。太さだけを言うなら、ほかにもっと適当なものもあろう。大地を打った大粒の雨が、車軸のようにとびあがり、やがてくだけて車の輪の形のようになる姿を想像してみたいのだが……。

遣《や》らずの雨

久しぶりに男が女のもとへやって来た。しかし、男はまたすぐに旅に出なければならない。わずかな時間を惜しむ二人。男がそろそろ出立せねばと立ち上がったとき、それに合わせるように、激しい雨が降り出した。こんなふうに、行かせたくないのに行こうとする人を引きとめるような雨が「遣らずの雨」だ。

「遣る」とは、人を行かせることだから、行けないようにする雨、という意味だ。「遣らずの風」と言うこともある。人を帰したくない、別れたくない、そんな願いが急な雨を降らせたり、風を吹かせたりするというわけだ。一時でも多く、半日でも多く引きとめておきたい気持ちを込めた、あわれにも切ない言葉だ。

「遣らずの雨が七日(十日)も降ればよい」なんて風流だが、雨に祈りをかけても、そううまくいくものではあるまい。同じ雨の降るのを祈るにしても「雨の祈り」となると、生活に切実な雨乞《あまご》いの意となり、風流どころの話ではなくなる。

朝ぼらけ・あけぼの（曙）

こういうおもむきのある語も、あまり耳にしなくなり残念だ。両語とも、その語源は不明だが、「朝ぼらけ」の方は、「朝開け」「朝ほの明け」などとする説もある。朝がほのかに明るくなるとき、すなわち明け方を言う。

同じように古くからの文献に見え、ほぼ同義に使われてきた「あけぼの」についても、同じように「ほのか」「ほのぼの」と関連づけられそうだ。

清少納言が『枕草子』の冒頭に「春はあけぼの。やうやう白くなり行く、山ぎは少しあかりて」と書いたところから、春の「あけぼの」がもっともよく、また、「朝ぼらけ」に先立つもののように見られがちである。

今日「あけぼの」に「曙」を当てるが、平安時代の古い辞書では、この字をも「あさぼらけ」と読ませている。ことほどさように、両語に時間的な前後関係をつけようとするのは無理だと思う。あえて言えば、やはり「あけぼの」「朝ぼらけ」の順となろうか。

暮れなずむ

武田鉄矢率いる海援隊の『贈る言葉』で有名になった言葉だ。正確な意味がわかっている人はあまり多いとは言えない。

問題は「なずむ」だが、この語にはすんなりと進まない、滞《とどこお》る、といった意味がある。そこで、「暮れなずむ」は、暮れそうで暮れない、という様子を表わしている。

日本人は、日が暮れるという一続きの現象を細かく観察し、さまざまな表現を用意した。「暮れなずむ」時の経過を惜しみつつ、なお「暮れ残る」一時をもめでた。「暮れそめる」と、どんどん暗くなって「暮れ行く」ことになる。そして、ようやく「暮れ果てる」と夜の領分へと移っていく。空模様が微妙に移りゆく「西は日の入り東は月夜」の時分は、ひときわ心細さが加わって、人生を思いやることにもなる。室生犀星《むろうさいせい》も、「人々はまた寂しい夕を迎へた／人々の胸に温良な祈りが湧いた／なぜこのやうに夕のおとづれとともに／自分の寂しい心を連れて／その道づれとして……」と『夕の歌』をうたった。

夜《よ》もすがら（終夜）・ひねもす（終日）

「夜もすがら雨が降り続いた」とか「夜もすがら机に向かっていた」などと使った。「すがら」は「過ぐ」と関連があり、初めから終わりまで続く意を表す。だから、夜どおし、一晩中という意味になる。

その意味から古く「終夜」「通夜」「竟夜」と漢字を当てた。「終宵」「通宵」「竟宵」とも書かれた。宵《よい》の口からすでに長い夜を意識した昔の人の気持ちが伝わってくるように思える。「通夜」は文字通りだが、「竟夜」の「竟」にも終わるの意があり、夜の終わるまでということになる。

「夜もすがら」に対して、朝から夕方まで一日中をさす語が「ひねもす」だ。これも、「日もすがら」の変化した語と考えられている。「昼はひねもす、夜はよもすがら」と並べた慣用句もつい最近までは耳にした。漢字を当てれば、「終日」、古くは「竟日」とも。

蕪村《ぶそん》の句「春の海ひねもすのたりのたりかな」は、この語の気分をよく伝えてくれる。

花いかだ

「花いかだ」とは、川の際に立っている樹木から花の小枝や花びらが水面に落ち、いかだを組んだように連なって流れ、たゆたう様子を表す言葉だ。もちろん、実際のいかだに花々がふりかかったものを言ってもいいわけだ。そして、いかだに沢山の花の枝をあしらって組み合わせた同名の文様が生まれ、婦人の着物に使う。大柄でまことにはでである。その名の紋所もある。

そういえば、「いかだ（筏）」そのものが簡単には見られなくなってしまった。念のために記せば、木材を縄などでつなぎ合わせて舟のように並べて流したものである。「筏」が竹冠であることからもわかる通り、竹を編んだものもあったわけだ。

ついでに、花をあしらった文様を見ておこう。「花いかだ」よりさらに大柄で、はでなのが「花車《はなぐるま》」だ。御所車《ごしょぐるま》にいっぱい花を積んだ文様で、時に蝶などをあしらう。「はなくいおうむ（花喰鸚鵡）」はオウムが花をくわえた様子をデザイン化した古典文様だ。

しじま

「夜のしじまにかすかに聞こえる人の声」などと、夜と結びつく例の多いせいか、「しじま」は闇夜や暗闇のことだと勘違いしている人も多い。しかし、元来は黙りこくっていることで、沈黙、あるいは、静まりかえっていることを意味している。だから、昼間でも「谷のしじまにこだまする」などと言えるわけだ。

近代日本で、詩人や歌人が好んで用いた。すでに耳遠くなっている言葉だったからか、意味を伝えるために「沈黙」「静寂」「寂寞」などと書いてルビを振ったものが多い。

もともとは、口を閉じて黙っていることを言ったもので、その語源には、口を「しじめる」即ち「ちぢめる」ところから来ているという説がある。その無言の意から森閑《しんかん》としている意に転じたのは比較的新しいことのようである。

ところで「しじまの鐘」という言葉がある。これは、騒ぐ人を静かにさせるために鳴らす鐘のことだ。比喩的に「そろそろしじまの鐘を鳴らしてやろう」とも使える。

山笑う

日本は四季がはっきりした国だ。しかも、野や山が四季それぞれの味わいを見せてくれる。そんな日本ならではの表現の代表が、「山笑う」だ。

これは、山に花が咲き乱れ、新緑が芽吹き、山全体が明るく華やいでいる様子を表現したものである。俳句では、春の季語として便利に使われる。

実は、春以外にも、夏、秋、冬と、それぞれの山に対する讃辞がすべてそろっている。

夏の山は、「山滴《したた》る」。「滴る」は「緑滴る」こと。

秋の山は、「山粧《よそお》う」。紅葉で美しく粧うこと。

冬の山は、「山眠る」。眠るように静まりかえること。

ついでに、四季の雨をどう見るかというと、文部省唱歌が、うまく教えてくれる。

降るとも見えじ春の雨／にわかに過ぐる夏の雨／おりおりそそぐ秋の雨／聞くだに寒き冬の雨

花明かり・花に嵐《あらし》・花の王・花ぬす人

「花尽くし」と言えば、いろいろな花を数えあげて並べることだが、ここでは、「花」にちなんだ、しゃれた言葉の「花尽くし」をしてみることにする。

「花明かり」は、桜が咲き乱れて、日が暮れてもなおその辺りが明るいことを言う。「蜜蜂の暮れて戻るや花明り〈花臾〉」は河東碧梧桐《かわひがしへきごどう》選の句だが、情景が目に浮かぶ。

「花嵐《はなあらし》」「花に嵐月に雲」は説明するまでもないが、「花に嵐のたとへもあるぞ『さよならだけが人生だ』というのは、井伏鱒二《いぶせますじ》さんの『厄除《やくよ》け詩集』を代表するような一節だ。

「花の王」は、日本では桜であるが、中国では牡丹《ぼたん》の花を言う。「花の君子」も中国では蓮《はす》の花を言うが、日本では「花の君」で燕子花《かきつばた》のこと。在原業平《ありわらのなりひら》の古歌にちなむ。

「花ぬす人」は、あまりに見事な花を見て、つい手を出してしまう人のこと。昔の年寄りは、「花ぬすっとこれをとがめず」とか言いながら一枝失敬したものだった。狂言の『花盗人』は、許された上に、お酒までご馳走になってしまう。

第二章　それってどんな人だっけ？

ハイカラ野郎の、ペテン師の、イカサマ師の、猫被《ねこっかぶ》りの、香具師《やし》の、モ、ンガーの、岡っ引きの、わんわん鳴けば犬も同然な奴……

——夏目漱石《なつめそうせき》『坊っちゃん』より

勇《いさ》み肌《はだ》

もはや死に体になっているという程の言葉ではないが、うまい例が思い浮かばない。仕方ないので、漱石の『坊っちゃん』に登場してもらおう。

主人公が「あのべらんめえと来たら、勇み肌の坊っちゃんだから愛嬌がありますよ」とからかわれて憤慨するところがある。

「勇み肌」は男気があって威勢のいいことを意味するのだから、そう腹を立てなくてもいいところだが、言った相手が赤シャツの「提灯《ちょうちん》持ち」野だいこだからまずかった。この男が、坊っちゃんと同様に、自ら江戸っ子を名乗っている鼻持ちならない男だから、余計カンにさわったのだろう。

威勢よくはやり立つのが「勇む」だが、せっかちに気負いすぎると失敗する。そこから「勇み足」が生まれた。もとは相撲で、勢い余って自分から土俵を割ることを言ったが、今日では日常生活の中でも大いに使われている。

いなせ

「いなせな若い衆」などと言い、粋で、威勢がいい男っぷりを形容するときに使われてきた言葉だが、「いなせ」と聞くと、やはり特に江戸っ子を連想させられる。「粋でいなせな」と並べることが多く、さっぱりしたところもなくてはいけない。

この言葉、実は「鯔背」と書くことがある。「鯔」は、ボラの幼魚のことだ。江戸時代、このイナの背の形に似た「鯔背銀杏《いちょう》」という髪型が、魚河岸界隈《うおがしかいわい》にいた若者たちの間にはやったところから、この言葉が使われるようになったとする説によるものだ。また、新吉原の地回《じまわ》りが流して歩いた小唄「いなせとも」に求める説もある。帰したくないのに「帰らしゃんせ」と言う女心の切なさをうたったものとか。

魚河岸の「あにい」ばかりでなく、大工や左官といった威勢のいい職人にもぴったりの言葉で、腕に彫り物の一つもあっていい若者だ。身なり一切はでにして、細くて長い組み鼻緒《はなお》をつけた「いなせ足駄《あしだ》」と称す下駄をはく風体《ふうてい》もあったらしい。

鉄火肌《てっかはだ》

この語を使って、現代的な例文を考え出すのはむずかしいようだ。「鉄火」そのものがあまり使われなくなっている。真っ赤になるまで火に熱した鉄の印象から、荒々しい気性の人を「鉄火」にたとえた。「鉄火者」は、男のならず者でいいが、「鉄火肌」となると、なぜか多くは女性に使われ、「あすこのお上《かみ》さんは鉄火肌だぜ」などと言った。「肌」は「親分肌」などと同じく、気風、肌合いのことだ。年若い娘についても、「鉄火娘」と言ったらしい。

「鉄火場《ば》」の方がまだ多くの人に知られているかもしれない。博打《ばくち》をする所のことだ。博《ばく》徒《と》は、両肌《もろ》脱いで燃えるような肌をさらして熱中するので「鉄火打ち」と称するのがよく似合う。

ご存じ「鉄火巻」については、ぶつ切りにしたマグロが、身を持ちくずしたヤクザに似ているからという、うがった説を、暉峻康隆《てるおかやすたか》さんが紹介している。

はすっぱ

「あいつははすっぱな女だ」などと使う。「蓮葉」と書き、「はすは」とも言った。いったいどうして蓮の葉が、態度や行いが軽はずみで、浮気っぽい女性を示す言葉になったのだろうか。

この言葉は「蓮の葉商《あきない》」からきているという。お盆の時期、お供え物を蓮の葉の上に飾ったりしたが、江戸時代、その蓮の葉を売る人たちがいた。蓮の葉のような一時の用に供する物に、法外な値段をつけてぼろ儲《もう》けをしていた。そこから、蓮の葉が、信用できないもの、浮ついたものを示す言葉となった。やがて軽薄な行為や様子を言うようにもなる。早くから問屋などに雇われて、下働きや、あやしげな客相手の仕事をさせられた「蓮葉《はすは》女《おんな》」の存在もあって、特に、女性にだけ使われるようになった。

昔に比べれば、「はすっぱな女」という言い回しは使われなくなったが、渋谷あたりで見かける若い女性の中には、そう呼びたくなるような娘もいるにはいる。

おきゃん・おてんば

意味は若い娘が活発で元気がある様子、あるいはそのような娘のこと。若い娘が「きゃんきゃん」とうるさいところからきているように思えるが、漢字では「御侠」と書く。

江戸時代には「きゃん（侠）」だけで使われて、男について言えば勇み肌で粋なことになるが、女について言えば、おてんばで、時には、はすっぱなことになる。明治以降、それに「御」をつけて女性専用となった。

男性よりも女性の方が活発で元気なことが増えてきた現代となっては、この言葉の存在意義そのものが薄れてきている。

今日は普通に使う「おてんば」は「御転婆」と書くが、「婆」と関係ない。これまた単に「てんば」と言ったものに「御」がついて女性専用となった。オランダ語 Ontembaar からとする『大言海』の説もあるが、上方の「てんば」が江戸に下って「おてんば」となったとする説が順当かと思う。

やぼてん

「やぼったい」「やぼな格好」などは今でも使われているが、同じ「やぼ」から出た「やぼてん」を口にする人はすっかり減ってきた。現代の言葉で言えば、「ダサい」といったところ。「粋」の反対で、格好や言動が洗練されていない、垢抜《あかぬ》けしていない、という意味だ。

さらにもう一つ意味があって、世情に疎《うと》く、人の心の機微《きび》を解さないことを指す。「本人を前にしてくさすなんて、やぼてんだ」といった具合に使う。

「野暮」と書くが、これは当て字で、語源には諸説ある。東京国立《くにたち》の近くにある谷保《やぼ》天神の神像が、出雲《いずも》へ行くべきところを目白で開帳したのをからかったところから出たとする、おもしろい説もある。

そのせいか「やぼ天神」とも言った。「天」だけでも神様のことを言うので、やぼな人間を皮肉まじりに「やぼ天」「やぼ天神」とまつりあげて言ったのかもしれない。

おたんちん・ぼけなす

「なんだ、このおたんちんめ」という具合に使う。のろまで、ぼけっとしている、鈍い人をののしって言う語だ。

「おたんちん」は、江戸時代寛政のころ、吉原の遊女たちの間で使われていた言葉。彼女たちは、嫌な客を仲間うちで「おたんちん」と呼んだ。反対に、色男や好もしい客をば「ねこ（猫）」と呼んだ。この「ねこ」の方はなんとなくわかるが、「おたんちん」は語感をたよりに判断するしかない。

似た言葉に「ぼけなす」がある。こちらはごく新しい言葉らしい。別に「おたんこなす」もあり、男女ともについて言い、使われる場面も似たり寄ったりだ。「ぼけなす」の「なす」は紛れもなく、野菜の茄子のことで、色艶《つや》のよくない茄子のこと。色がぼけたりしなびたりしている茄子にたとえる気分はとてもよくわかる。思うに、「おたんこなす」は「おたんちん」と「ぼけなす」がまざってできた語と見てよいかもしれない。

とうへんぼく（唐変木）

「このとうへんぼくめ、ひっこんでいろ」というふうに使う。「おたんちん」同様、ののしりの言葉だが、バカ、アホとは違って、間の抜けた変なヤッといったところだろう。「唐変木」と書く。「唐」は日本にとって外国の代表だから、外国人みたいな変わり者のことを言った。

現代人の感覚としては、「とうへんぼく」と言われると、役立たず、という感じが強い。どうも、「うどの大木」を連想してしまうからかもしれない。だが、「唐変木」と木を当てるのは、音が朴や僕に近いからで、そういうヤツといった感じだ。変わり者で、かつわからずや、といったニュアンスが特に強そうだ。

あえて「おたんこなす」「おたんちん」「ぼけなす」の使い分けをするなら、単に間抜けな人は「おたんこなす」「おたんちん」、ぼーっとしている人は「ぼけなす」で、ちょっと普通じゃない変わり者のことは「とうへんぼく」と言ってみてはどうだろう。

ひょうろくだま(表六玉)

のろのろしている間抜けな男に対して、「この、ひょうろくだま！」などと使うののしりの言葉。特に、年長者や先輩が、役立たずの手下に向かって浴びせることが多い。

この言葉、実は亀と関係がある。「利口な亀は六を隠す。愚鈍な亀は六を表す」という言い伝えから来ている。「六」とは、カメの頭と尾、四つの手足の合計の数。利口な亀は、これらを甲羅《こうら》の中に隠して身を守る。しかし、間抜けな亀はこれらを出しっぱなしにしている。それを「表六」と言うようになった。「玉」は「悪玉」「上玉」などと同様、そういう人物を指し示すときに使う語である。

もうおわかりかと思うが、「表六」の反対語が「蔵六《ぞうろく》」だ。これに「玉」をつけると、どことなくおとしめることになるからか、「蔵六玉」とは言わないし、褒め言葉として使われることもないようだ。その代わり、どうか賢い人に育ちますようにということで、子の名に用いられた。

かまとと

「かまとと」を漢字で書けば「蒲魚」となる。「蒲」は、植物のガマで、この場合特にその穂のことだ。「とと」はご存じの通り魚のことを言う幼児語だ。

昔、かまぼこを見て、「これはおトトでできているの？」と無邪気に聞いた女性がいたとか。これが縮まって、「かまとと」という言葉は誕生したという。

かまぼこが魚から造られていることは、誰もが知っている、いわば常識だ。そこから、当たり前のことを知らないふりをする人を意味する言葉となった。もとは上方の遊里語だったらしい。うぶなふりをする女性、特に色事にはうとくて何も知らないようなふりをする人に「かまととぶっちゃって」などと言う。

「かまとと」に近い言葉で、少し前に広まった言葉に「ぶりっ子」がある。言うまでもなく、こちらは「カワイ子ぶりっ子」で、育ちのよさや純情ぶりを演出しすぎる少女をからかって言う。

あばずれ・ろくでなし

「あばずれとろくでなし」と並べれば、品の悪いすれっからしの女と、まともな暮らしをしていないような男ということになる。

「あばずれ」は、もともと男女問わず使われていた言葉で、人ずれしていて、あつかましい人間を言った。特に女について言い、「あばずれ女」とも。

「阿婆擦」と書くのは当て字。「悪」の字を当てることもあり、「悪場ずれ」を語源とする説もある。「すれ」は「すれっからし」の「すれ」だ。

「ろくでなし」は、「陸でなし」「碌でなし」と書いたが、「碌」の方は当て字。「陸」は平坦なさまから、まともであることを言う。「ろくでもないことを言う」「ろくな奴じゃない」などを思い浮かべれば、「ろくでなし」の意味もわかろう。つまり、役に立たない、どうにもならない、という意味。「のらくら者」と同じで、毎日のらりくらりと、働きもせずに遊んで暮らしている怠け男のことだ。

ぼんくら

「このぼんくらめ、どこに目をつけてやがる」などと使う。ぼんやりしていて、暗い、ということだと思うだろうが、「ぼんくら」の「ぼん」は、ぼんやりの「ぼん」ではなく、「盆」のこと。

「盆」といっても、仏教行事の「お盆」のことではなく、なんと賭博《とばく》用語。博打でサイコロが振られ、壺《つぼ》が伏せられる場のことだ。配膳用の「お盆」の仲間と見てよいが、ござを使うこともある。

「ぼんくら」とは、博打のとき、盆上のサイコロの目を見通す力がない、盆に暗い、ということだ。だからもとは、博打の才がなく、常に負けている人のことをこう言ったらしい。

日陰者の世界から娑婆《しゃば》に出て、何事につけても、ぼんやりしているうつけものを指す言葉になった。この「ぼんやり」の方は、色や形がぼけているさまから、気のきかない間抜けの意に転じた。「ぼんくら野郎」とは言うが、「ぼんやり野郎」はあまり聞かない。

よたろう

漢字では「与太郎」と書き、「よた」あるいは「よた者」とも言う。「よた公」は、かなり新しい言い方らしい。

見ての通り人の名前に似せた、いわゆる擬人名《ぎじんめい》で、もともと落語によく出てくる、頭の弱い、間抜けな男として知られている。また、そうした間抜けな男の話を、落語では「与太郎噺《ばなし》」と呼んだ。

ところが、この言葉、使われるうちに、でたらめなうそつきとか、やくざな人間、ならず者、という意味が加わっていった。

落語に出てくる与太郎と言えば、罪のない男ばかりだが、近年は「よた者」と言うのが普通で、頭は弱くなくても、手のつけられない不良や、どうしようもない男のことだ。

また、出まかせやいいかげんなことを「よた」と言い、「よた話」「よたを言う」あるいは、しゃれて「よたを飛ばす」などとも言う。

へなちょこ

大槻文彦《おおつきふみひこ》の『大言海』は語源に力を注いでいることで有名だが、この「へなちょこ」の項は別格のようだ。いきなり語源から書き起こしている。全文を引いておこう。

明治十四五年ノ頃、山田風外、野崎左文等四五人、神田明神ノ境内ナル開花楼ニテ酒宴ス、其席ニテ使用セシ杯ハ、内部ニ於多福《おたふく》、外部ニ鬼面ノ楽焼ニテ、面白キモノナリキ。コレニ酒ヲ入ルレバ、ジウジウト音シテ、酒ヲ吸ヒ、ブクブク泡立ツ土製ノ猪口《ちょこ》ナリ、衆呼ビテヘな猪口ト云ヒシトゾ。今、未熟者ナドヲ、揶揄《やゆ》、又ハ罵詈《ばり》スルニ、へなちョこ、或《あるい》ハ、へなちョこ野郎ナドト云フ。

「へな」は粘土のことで、「はに」と同様「埴」を当てる。「埴猪口」は、素焼の粗末なちょこのことだ。それから、未熟者、取るに足りない者を言うようになったわけだ。だから、元来は語源というほどのものはないだろう。そうではあるが、大槻先生に敬意を表して、これ以上のコメントは控えることにする。

おちゃっぴい

「おちゃっぴい」の特徴は、まず年の割にはませている少女であること。かといって思慮深いわけではなく、おしゃべりであること。しゃべりたがるから、やたらでしゃばることになる。このおしゃべりとでしゃばりの要素が「おてんば」や「おきゃん」と違うところだ。

「おちゃっぴき」から出た語とされる。つまり、お茶を挽《ひ》くことだが、特に遊女が客のつかないときにその作業をしたから、そういう状況にある女を指して「おちゃひき女郎《じょろう》」と言った。ぺちゃくちゃとおしゃべりに花を咲かせながら、お茶を挽いていたに違いない。

もっとも、茶は静かに挽くもので、ものさびしい様子を連想させるところから、売れ残りの遊女の、暇で眠そうな様子にたとえたという説もある。「売残娼」を「おちゃひきじょろう」と読ませた例もあり、いささかかわいそうだ。

「おちゃっぴき芸者」や「おちゃっぴき女郎」にはあわれさを感じるが、町場の「おちゃっぴい」には底抜けの陽気さがある。

おくて(奥手)

「おくてな男で女の人とうまく口もきけない」なんていうのは今時はやらないが、「うちの子はおくてで……」と嫌遜とも自慢ともつかない親の言い分はよく耳にする。

この言葉は、もともと植物の成育、成熟が遅いことを言った。「わせ(早生)」に対する語で、単に「おく」とも言う。普通に漢字を当てれば「奥」だが、「晩」でもよい。稲で言えば「晩稲」だ。人の「おくて」には「晩生」が似合うので「大器晩成」を連想することになるが、「おくて」だからといって大物になるわけではない。

とかく男女間の事情にうといことに限って「おくて」を使うので、なにやら奥ゆかしさを伴ったり、一般に世故《せこ》たけていないことをにおわしたりもする。

なお、『万葉集』には「おくて」の花として萩《はぎ》をよんだ歌がある。同じ「奥手」を「おくのて」と読ませている歌もある。表に出さないたいせつな手という意味で左手のことである。それが、とっておきの手段、方法と転じて、今日に及ぶというわけである。

おしゃま・わんぱく

「うちの娘も五歳になって、すっかりおしゃまになって」とか、「ヨーコちゃんはおしゃまさんね」とか言う。年の割にませていて、ちょっぴりなまいきな、でもそれがかわいく見える小さな女の子について言う。「おちゃっぴい」ほどの限定はないが、男の子にはあまり言わない。

これは、「おっしゃいます」が縮まった「おしゃます」からきているともいうが、よくわからない。江戸末期のはやり唄「猫ぢゃ猫ぢゃとおしゃますが……」に源を求め、猫→三味線→芸者までは連想されるものの、女の子の「おしゃま」までは届きそうにない。

一方、「わんぱくでもいい、たくましく育ってほしい」というせりふでも有名な「わんぱく」だが、こちらはいたずら好きで、きかんぼうな男の子について言う。「関白」からきているという語源説もあり、漢字「腕白」がよく似合う。「腕白息子」とは言っても「腕白娘」とは言いにくいことからも、やはり男の子専用と見てよい。

いかれぽんち

「いかれぽんち」と聞いて、年輩の方なら、すぐに戦後の言葉だと思われるだろう。「アプレゲールのイカレポンチ」などとカタカナの似合う言葉だ。

「いかれ」の原点は「いかれる」だ。人に「行かれる」で、先手を打たれる、してやられる、といった意味から、物や人がダメになることを言う。だから、物がこわれたり、食べ物が腐ったりすることも言い、人の目や耳がいかれることもあるが、「頭がいかれる」と、ぼんくら、たわけになる。

「ぽんち」は関西弁の「ぼんち」から来ていて、坊や、坊ちゃんのこと。実は「いかれ」や「いかれる」も西日本の方言だったらしい。方言が普通に使われるようになるときには、その耳なれない感じをカタカナで書くのが常だから、冒頭のようなことになる。

ちなみに、「ぼんち」は「ぼん」「ぼんぼん」とも。もとは「ぼう（坊）」で、髪を短くしていたからだろう。「坊や」の「や」は元来は呼びかけの言葉だった。

うらなり・うらなりひょうたん

青白い顔をして、元気がないように見える人のことを指す言葉だ。「うらなりひょうたんみたいで、頼りない」とか「あんなうらなりが、こんな重い荷物を運べるかね」などと言う。

「うらなり」の「うら」は末の意。漢字で書けば「末生」「末成」となる。植物の枝や蔓《つる》の先の方に、遅れてなる実のこと。盛りをすぎたころになるので、形も色艶も悪く、味も落ちる。だから「うらなりひょうたん」とは、妙にひんまがっていて、ひょろひょろと細いやつで、そういうひ弱な人を呼ぶようになった。きゅうりなどの「うらなり」も同じだが、近ごろそういう品は店先に並ばないので、実感することができない。

これを人間に及ぼせば、冒頭の例のような人物になる。青白くて細長い顔をして骨格もおぼつかないような人間のことだ。漱石の『坊っちゃん』に出てくる「うらなり」は、青白い顔をしていて、やたらおとなしい英語の教師につけられたあだ名だ。

ちゃきちゃきの江戸っ子

「何をしゃらくせえことを言いやがる。こちとらちゃきちゃきの江戸っ子でい。このとうへんぼく、おとといきやがれ！」なんてせりふは、もう時代劇の中でしか聞かれなくなってしまった。

「江戸っ子」とは、言うまでもなく、生まれも育ちも江戸の人のこと。漱石の『坊っちゃん』の主人公はしきりに江戸っ子を吹聴するので、これを読むと江戸っ子の気質がよくわかる。野だいこも江戸っ子を自称しているのだが、上の人の「提灯持ち」をするような軽薄な奴は、「江戸っ子の風上にも置けない」となる。

さて、「ちゃきちゃき」とは「嫡々」がなまったものとする説が有力だ。正しい系統を受け継ぐ意で使われる「嫡流《ちゃくりゅう》」と同様に、「嫡々」も本来は「ちゃくちゃく」と読む。なまって「ちゃきちゃき」となり江戸っ子にぴったり合うようだ。もっとも、江戸っ子に限った言葉ではなく、「ちゃきちゃきの侍」とか、「若手のちゃきちゃき」などとも使える。

妙齢《みょうれい》の女性・年増《としま》

三十代にはいっているだろうか。でも、案外若いようにも見える、だが、見ようによっては、四十近くに見えなくもない。そんなとき、「妙」の字にひかれて「あの妙齢の女性は……」なんて使うのは間違いだ。

「妙」の字義には、「妙な出来事」とか「奇妙」「珍妙」とかに使われる、変だ、おかしい、という意味のほかに、「妙案」「妙味」「功妙」などに見られる、すぐれている、巧みだといった意味もある。そしてもう一つ、若いという意味があるのだ。

この最後の字義が忘れられかけているために、混乱するようだ。「妙年」「妙齢」と言えば年が若い、うら若い年ごろのこと。「妙麗」は、すぐれて美しいの意味であるから「妙麗の女性」と言ったら、若くても多少年をとっていても、美しい女性の意となる。

ついでに言えば、「年増」は、その字義通りで、娘盛りをすぎた女性のこと。昔は二十代の女性はもう「年増」の仲間入りをしたが、今日では四十、それとも五十以上か？

トテシャン

全体をカタカナで書かなければ落着きが悪いほど特異な日本語だ。「トテ」は「とても」で、「シャン」はドイツ語から借りた語。顔だちの美しいこと、美人の意だ。だから、「とても美人」という単純すぎるほどの言葉だ。

「君はトテシャンだね」などと面と向かって言われて喜ぶ女性が今ごろいるとは思えないが……。「シャン」は、旧制高校生などが粋がって使って大いにはやった言葉だが、今日では、これ自体の影が薄い。

かろうじて「バックシャン」というのが現役で使われる。後姿だけを見ていると美しいという意味だ。前に回ってみて、極度にだまされた気分になって口にする言葉である。もともとは顔の美醜《びしゅう》が問題なのだ。純粋に後姿がすらりっとして美しいという意味としても使うと聞かされては、もはや何をか言わんやだ。電話などで、声だけを聞いていると美人に思えてくる人を「声美人」と言うように思うが、公認されているかどうか……。

左利《き》き

だいぶ前の話だが、さるアイドルが「私の彼は左利き」という曲をヒットさせた。この場合は原義通りの左手を利き手とする人の意で、俗にいう「ぎっちょ」だ。

「左利き」には、転用されたもう一つの意味がある。酒飲みのことをいう。これは、江戸時代に鉱山で働く男たちの間で使われた言葉に端を発する。男たちは右手でツチを持ち左手でノミを持った。そこから左手をノミ手と言い、「左利き」が「飲み手」の意となった。

これにちなんだ「左党」もある。「さとう」でもいいかもしれないが、普通は、「ひだりとう」と言う。そこから、逆に酒の飲めない甘党を「右党」と言うことがある。これも「みぎとう」の方がよさそうだ。

ついでに「左団扇《ひだりうちわ》」について触れておこう。利き手でない左手でゆったりあおぐ姿を想像すればよい。「左扇《おうぎ》」でも同じだが、若い人には似合わない。年とってから、安楽に「左団扇」で暮らせる人はしあわせだ。

ごへいかつぎ

「あそこの社長はごへいかつぎだから、契約は大安吉日でないとダメだよ」と言えば、その社長は迷信を信じ、必要以上に縁起をかつぐ人となる。

「ごへい」とは「御幣」と書く。折り畳んだ白や金銀の紙を細長く段々に切って幣串《へいぐし》の先に挟んで垂らしたものだ。神主さんが、お祓《はら》いのためにシャッシャッと振っているところを目にしたことがあるだろう。それを普通の人がいつでもかついでいるとなると、相当な神頼みをしていることになる。

ただし、「ごへいかつぎ」は、信仰心が強いというほどのものではなく、古くからの迷信、言い伝えを重んじる程度の話。しかし、日取りだ方角だ、あるいは箸の向きや茶碗の割れ方と、こまごましたことを気に病むから、かえって厄介だ。

「御幣持ち」という言葉が、人にへつらう人の意に転用されたらしいが、同義の「提灯持ち」や「たいこ持ち」ほどに使われたかどうかは疑問だ。

薩摩《さつま》守《のかみ》・キセル

「薩摩守」とは、無賃乗車のこと。年輩の方に聞けば、たいていは薩摩守忠度《ただのり》のことだろうと答えてくれる。

それを聞いて、さて薩摩守とは誰だっけと考えこむと迷路に入ってしまう。単純にその名「ただのり」のもじりである。

この言葉は古く室町時代から使われていて、お足《あし》もないのに舟や車に乗ってしまうことを言った。こういう歴史ある言葉だから、簡単に「薩摩守をする」と言うのでは味気なく、「薩摩守を決めこむ」くらいの表現で使ってほしい。

蛇足ながら「キセル」について触れておこう。乗車駅と降車駅の付近までの切符などを使って、その中間の運賃を浮かすこと。キセルは、雁首《がんくび》と吸口《すいくち》にしか金を使っていないことから言ったものだ。キセル自体は忘れられているのに「キセル乗車」は生きている。定期券の存在が、この不正乗車を助長させたのではないだろうか。

まぶ（真夫）・まおとこ（間男）

漢字は「間夫」よりは「真夫」の方がぴったりする。遊女たちにとって、真実思うただ一人、本気で好きな男を意味する言葉だった。そういう男を持つことを「まぶする」と言った。それがやがて、娑婆《しゃば》の男女にも及んで、人妻が夫の目を盗んで、夫以外の男と密通すること、またその男の意味に転じていった。

「まおとこ（間男）」とも言うが、人妻と密通する男の方を指しても言い、その場合に当て字「間男」がよく似合うものの、古くは「密夫」「密男」とも書いた。通い婚の昔では、「みそか男」と言ったそうだ。「みそか」は「ひそか」と同じでこっそりの意、こっそり通う男というわけだ。

「密夫七人せぬ者は男のうちに非《あら》ず」などという、まことにふざけた言い分もあった。遠い昔であったればこそで、今時では馬鹿げた話だ。「間男するのは生盗人《いきぬすっと》」といって、生きた人を盗むのと同罪なのだ。

金棒《かなぼう》引き・提灯《ちょうちん》持ち

「えーっ、ケンカのこと、課長に話しちゃったの？　あの人とんでもない金棒引きだから、どんな噂《うわさ》が広がるかわからないわ」などと使う。些細《ささい》なことを、大げさに言いふらす人を指している。噂好きのおしゃべりな人のことだ。

この場合の「金棒」とは、その頭部にいくつかの鉄の輪がついた、鉄製の杖のことで、地面に突くと頭の輪が音をたてる。昔「金棒引き」と呼ばれる人が、その金棒を引きながら、音をさせつつ夜回りをし、人々の注意をひいて夜警に努めた。

このように、金棒を引きながら火の用心などをふれ歩いた金棒引きが、一般語としても使われるようになり、冒頭のごとくになった。

ちなみに、「提灯持ち」というのは、人をやたらに褒めそやして、媚《こび》を売る人のことだ。かつて、夜歩きをするときは、お供の人間が提灯を持って、腰を低くかがめて、その先を歩いていたことからきている。

指南役《しなんやく》

「色事の指南役」なんてのはもうはやらないが、「釣りの指南役」や「骨董選びの指南役」なら健在だ。指導者、物事を教える役目の人を指す言葉だ。

この言葉、「指南車」という語からきている。古代中国で、戦いの際、常に南を指さす人形がついた車のことだ。磁針を応用したものと言われている。この「指南車」によって、常に進むべき方向が判断できて、戦いが有利になったという。ここから一般に、教え導くことを「指南する」というようになった。

昔は武芸、文芸や芸事などの「指南役」が普通であった。そのせいで、今日も勉強や仕事といった日常的なことについては、あまり似合わない。それに、正式に頼んで師弟となるような場合の先生にも、そぐわないように思う。謝礼を払うような正規の指導者ではない、気安い人ならいい。「あいつはおれのゴルフの指南役なんだ」と親しみをこめて言うことができる。

好事家《こうずか》

漢字にひかれて「こうじか」と読むのは間違いだ。「こうじ」と読む「好事」は、文字通り良い事をさし、「好事魔多し（良い事ばかりは続かない）」という慣用句で知られる。一方、「こうず」と読む「好事」は事を好むことだ。

「好」が持っている、良いと好むの二義のうち、後者に当たる使い方に「好事家」がある。「好学」「好色」と同類だが、「学」や「色」のようにはっきりさせないで、単に「事を好む人」という意味の語だから、対象次第でいろいろになる。かといって、武芸や学問を、真剣になって好きになったり、学んだりするような人には適さない言葉だ。

すなわち、「好事家」は、やや趣味がかったことや、風流にかかわる世界での話である。もっとも、昔はものを書く人でも読む人でも、一つの事に通じている人にも言ったようだ。今日とて、骨董や珍奇なものを好む「好事家」も、風流を好む「好事家」も存在する。「ものずき」のことをカッコつけて言うと、「好事家」ということになろう。

太公望《たいこうぼう》

釣りをしている人や、いわゆる「釣り好き」をこう呼ぶ。「釣りキチ」よりもぐっと格調高い言葉だ。

もとはと言えば、「太公が待ち望んでいた人」というところから出た言葉だ。太公とは、太公秀吉のことではなく、中国、周の祖《そ》太公のことだ。

呂尚《りょしょう》という名の大変賢い老人がいた。彼は、日々ただ河に釣り糸を垂れて、世間から隠れるようにして暮らしていた。時の王様は文王《ぶんおう》と言い、太公の子に当たる人だった。その文王が、釣りをしている呂尚に出会い、大人物と見込んだ。早速お城に迎えて重用《ちょうよう》し、呂尚はよくそれにこたえて大活躍をした。

さて、この話の伏線には、文王が父太公から、いずれ立派な人が現れて国の力になるよと聞かされていたということがあった。そこで、文王は、呂尚こそ太公が待ち望んでいた人だという意味で、太公望の名を与えたというわけだ。

土左衛門《どざえもん》

意味は、水死体のことだ。時代劇などでは、「おう、今朝方川下の方で、土左衛門が上がったってよ」なんてせりふが聞かれる。それにしても、なんで水死体のことを「土左衛門」と言うのだろうか。

実はこの「土左衛門」、もともと江戸時代は享保のころに活躍した力士の名前からきているのだ。その名も「成瀬川土左衛門」。この成瀬川なる力士の体型は見事なアンコ型。でっぷりとよく太っており、それは他の追随を許さない圧倒的な巨漢であったとされる。

水死体を見たことがある人は少ないと思うが、体中が水を吸って、ぱんぱんに膨れ上がっているようだ。そこで、そのころの人が、そんな哀れな水死体を見て、「いやあ、すごかったよ。まるで成瀬川土左衛門のように膨れちゃってたよ」なんて思わず口にしたのだろう。ちなみに、異常に太った人をも「土左衛門」と呼んだらしい。こちらは、さしずめ「生きた土左衛門」といったところだ。

第三章　それって何のことだっけ？

時代ヲ経テ、言葉ガ変ハレバ発音ガ変ハル、発音ガ変ハレバ文字ヲ書変ヘル、ト云フコトハ、自然ノ道理デゴザリマス。

——大槻文彦《おおつきふみひこ》「明治四一年仮名遣改定諮問案について」より

もっけの幸い

「古書市で全巻そろいを見つけたのはもっけの幸いだった」「あんな地震でも倒れなかったのはもっけの幸いだった」などと、思いがけない幸いや、予想するよりはよかったことについて言う。今風では「ラッキー」というところだ。

「もっけ」がむずかしい。語感から「もうけもの」と連想するのは大間違いで、古語「もののけ」の変化した語だ。「物怪」と書き、おばけ、妖怪の類だ。あやしげであり、不思議でもあるものになぞらえて、人知でははかりえない情況、思いがけないことを言うようになった。そのうち特に幸運の方に傾いた情況をとらえて「もっけの幸い」と言うわけだ。偶然拾った幸いという気分がある。古くは「もっけ重宝《ちょうほう》」という言い方もあった。

ただし、もともとはマイナスイメージが強く、不吉なこと、けしからぬことも言った。方言には、多くその使い方が残っていて、「もっけなことだ」で、痛ましいことだの意で使ったり、困ったことだという意で使ったりする。

がってん

「がってんだ」と言って威勢よく承知する人は少なくなったが、「がってん承知の介」としゃれて言う年輩者はまだ多い。「がってん」は「合点」と書き、点をつけることを言う。点といっても点数のことではなく、句読点やヲコト点（漢文訓読に当たって、漢字に付記して、読み方の助けとしたもの）などと同じく、書き物に付記する記号のことだ。この場合、和歌、連歌、俳句、川柳など、並べて書かれた作品の上につける記号で、基本は右肩につけるカギ形のものだ。

師匠や評者がよろしいと評価してつけるものだ。それが広く一般に、よしとしたり、承知したりすることにも言うようになったというわけだ。「合点する」「合点いたす」から始まって、冒頭のようになった。

「がってんがいく」という表現もよく使われる。事情がよくわかる、納得できるという意味だ。打ち消しを伴って「どうもがってんがいかぬ」などとも使う。

男時《おどき》・女時《めどき》

昇進は決まるは、持ってた株の値は上がるは、テニス大会では優勝するは、めずらしく女の子にはモテるは、万事うまくいくとき、これを「男時」という。

反対に、商談に失敗するは、競馬で大損するは、マラソン大会ではコケるは、奥さんからは離婚を言い出されるは、何もかも万事うまくいかないとき、これを「女時」という。

つまり、ツイテいるときが「男時」で、ツイテいないときが「女時」というわけだ。世《ぜ》阿弥《あみ》が記した『風姿花伝《ふうしかでん》』に出てくる言葉だ。演能の出来不出来について語ったもので、去年よかったからといって今年もうまくいくわけではないと、戒めるとき、この去年を「男時」、今年を「女時」とたとえた。三日のうち、いや一日のうちでも「男時」「女時」はめぐってくるもので、それは時の運で人の力ではどうしようもないものだという。

古来、陽に「男」を、陰に「女」を当てたのと同様で、男女差別などとわめきたてる類のものではない。女性にも「男時」「女時」はめぐっているのである。

あたら・あったら

若くして自殺してしまった人に対して、「あたら若者が命を粗末にして」とか、「あたら命を、もったいないことだ」などと言う。つまって「あったら」とも言う。漢字で「可惜」とも書くが、こんな漢文風当て字よりは「惜」一字の方がよい。

「あたら」のもとは「あたらし」だ。「新」ではなく「惜」の字を当てる方で、いわゆるシク活用をする古語「惜《あたら》し」だ。同じシク活用だった「新し」の方は、口語活用に変化して、なお使われているが、「惜し」は、その言葉も意味も忘れられてしまった。立派なものが、失われたりないがしろにされたりするのを惜しむ言葉だ。だから、命ばかりでなく、「あたら青春を無駄にする」とか「あたら柔肌に入れ墨なんて」とかとも使える。

そのままだめにしてしまうのが惜しいようなものを「あたらもの」と言い、だめにしてはもったいないことを「あたらこと」と言った。強めて、「あったらことに見ちゃいられない」などとも言う。

板につく

「教師も板についてきた」「結婚三年ともなると、奥様ぶりも板についている」などと使う。もともとは芝居の用語だ。

「板」は、舞台に張られた板で、舞台そのものをも指し、上演することを「板に乗せる」とか、「板にのぼす」とか言う。そこで、舞台に立つ役者が、舞台の中でしっくり調和していて、不自然さや違和感を感じさせないことを「板につく」と言うのだ。

やがて一般にも使われて、冒頭のように、その地位やその仕事などに慣れきっているさまに言う。服装や髪型、あるいは人の態度についても使われて、「背広姿も板についている」とか、「あの若い牧師さんのお説教もだいぶ板についてきた」などと言う。

打ち消しの表現としては、「板についていない」とか「板につかない」とかいうことになる。使われる頻度は低いように思うが、「一向にママさんぶりが板につかないところがまた魅力だよね」などと言うことになる。

けれんみ

「けれんみのない人柄が好きだ」と言えば、はったりを言ったり、大げさなことをしたりしない人を褒めている。もともとは、単に「けれん」で、今でもそれを使う。

芝居で、筋書きとか役者の演技や芸とかで勝負するのでなく、意表を突いた演出や演技で客の目を引くことを言った。宙吊《つ》りや早替わりの類のことだ。転じて、そういうはでさや奇抜さをねらった役者の演技についても言った。普通は「けれんみ」を嫌うので「けれんみのない役者で好きだ」などと使う。

「けれん」専門の役者は「けれん師」だ。「けれん」に客が反応し、大いに沸《わ》くことを「けれんが落ちた」と言ったそうだ。

漢字「外連」を当てるがさして根拠はなく、語源自体が不明だ。古くは、ごまかすことをも「けれん」と言ったので、ペテン師と同義の「けれん師」もあった。ごまかしで客を釣るのは「けれん商売」となる。

おはらい箱

古いものを売ったり処分したりすることを言う。漢字で書けば「御払箱」。「おはらい」だけでもいいのだが「おはらい箱」の方が語調が落ち着く。ただし箱に捨てるなどの意味はない。

伊勢神宮は、熱心な信者には新年になると、お札や暦を入れた箱を配った。漢字で書くと「御祓箱」だ。この「御祓箱」は年々入れ替わるわけで、古くなった箱は処分することになる。というわけで冒頭に書いた「御払箱」は、「御祓箱」のもじりだった。使用人などを解雇することをも「おはらい箱」とも言ったが、今日でも、「体《てい》よくオハライバコにされた」などと使う。

「おはらい箱」にする品物でも、何がしかの価値はあり、「おはらいもの」を売る人も買う人もあった。「くずやー、おはらい」の呼び声を聞いたこともあるように思うが、もはや記憶は薄れた。今では、家電製品や機械物の「回収車」の呼び声が多く聞かれる。

ひとくさり

「ご隠居に清元《きよもと》のひとくさりを教わった」は、やや古い。現今では、自慢話やお説教について「……のひとくさりを聞かされた」と使う。

「くさり」は鉄や銅でできたくさり、チェーンのことでもある。そこで、長々と続く謡い物や読み物が「くさり」にたとえられて、その一部を取り上げたものを「ひとくさり」と称する。

こうして、接尾語のように使われるものなのだが、「二くさり」「三くさり」とは普通言わない。一段落、一節などと同意ではあるが、ニュアンスは大違いだ。

「めでたい鶴亀の一節を謡う」に対するに、「うろ覚えの鶴亀のひとくさりをうなる」と並べてみると、多少そのニュアンスの違いが伝わるかと思う。

語源に引かれて、「一鎖」と書くことはまずない。あえて当てれば「一齣」だが、これは「ひとこま」と読む方が自然だ。やはり、かなで「ひとくさり」と書くのがよい。

おはこ・十八番《じゅうはちばん》

「おれのおはこを歌わないでくれよ」と泣きごとを言う人は、自分の得意とする歌数が少ないからだ。「おはこのガマの油を長々とやる」のは部長さんクラスだろう。

さて、この「おはこ」を「十八番」と言ったり、その字を当てたりすることはよく知られている。「歌舞伎十八番」の略で、市川家に受け継がれている得意芸、「勧進帳《かんじんちょう》」「助六《すけろく》」など十八の演目を言ったからである。その台本を箱に入れて大事に保管しているところから一般に得意芸のことを「おはこ」と言うようになったとされる。

しかし、市川家ならずとも大事なものは箱に入れて保存するわけで、そこから「箱入り」という言葉が生まれた。なにも「箱入娘」でなくても、大事にしたい、とっておきのものは、「箱入りの何々」と言える。略して「はこ」、あがめれば、「おはこ」となる。

「十八番」も同じように使われるが、人の得意とする口ぐせや動作について言う場合には「おはこ」の方が似合う。「またおはこのお説教が始まったと陰口をたたく」といった具合だ。

しこたま

「しこたま」とくれば、「儲《もう》ける」だろう。あるいは、「貯《た》め込む」「買い込む」と組み合わせても使われる。大量にの意味だが、「うんと」や「どっさり」では追いつかないほど沢山なことを言う俗語だ。

もとになった言葉は「しこだめる」だろう。大坂で古くから使われていて、西鶴《さいかく》などの作品にも見え、むやみやたらに貯め込む意の動詞だ。これが副詞に転じた「しこだめ」がある。それが各地に伝わって語形を変え、江戸では「しこたま」となったと考えられる。「しこだけ」「しこたか」「しこたん」などの方言形も見られる。

「しこだめる」には、金品を巻きあげたり、着服したりする意味もあったらしく、そのなごりからか、「しこたまだまし取られた」とか「しこたまふんだくる」など、悪いイメージが伴う。少なくとも品のない言葉だ。金品には関係なく、程度のはなはだしいさまにも言い、「しこたま叱られた（しぼられた）」などとも使う。

おさんどん

「お母さんは、おさんどんで忙しい」などと使われてきた。想像して、「三度の食事」の意味と思ったら大間違いである。

「おさんどん」とは、もともと台所仕事、または、台所仕事をする下働きの女性を指す言葉だった。古くは邸宅の奥の方にある「三の間」にいたところから生まれた言葉と言われている。「三の間」の「三」に接頭語の「お」をつけて「お三」、下の方に「でっちどん」などと同じ「どん」がついて「お三どん」となった。

『吾輩は猫である』の猫は、苦沙弥《くしゃみ》邸にまぎれこんで、あやうく「おさん（御三）」につまみ出されるところを、主人の一声でそこに置いてもらうことになり、話が展開していく。

以前、「今日はおさんどんがお休みなので、私が……」などと、奥様が言った。

ちなみに、「おやつ」は「御八つ」と書く。江戸時代の時刻で「八つ」といえば午後三時ごろ。そのときに食べる間食のことで、こちらは今でも普通に使われる。

あんばい

「こりゃあ、ちょうどいいあんばいだ」など、何事についても、ほどよい、加減がちょうどいい具合のときに使う。

料理のほどよい味加減を表現する際に使われるときには「塩梅」と書くとぴったりだ。塩と梅酢のことで味加減のことになる。

料理ばかりでなく、お湯などの温度、さまざまな物の量、力の強さ、時間的なころ合いなど、およそ加減が必要なものについて、広く使われる言葉だ。

「塩梅」以前に「案配」「安排」「按排」がある。こちらのもともとの意味は、物事をほどよく配する、処理するという意味。料理以外の「あんばい」には、これらの方が適切だ。

しかし、「塩梅」も「按排」等も、混同されて使われる。一般的に、暮らし向きや体調などについて言うときは「あんばいよくやっている」「あんばい悪い」などとかな書きの方がよく、「あんべえ悪い」と、ふざけてかなまってか言うこともある。

半ドン

「半ドン」の「ドン」は、オランダ語から借りた「ドンタク」の略。「ドンタク」はもとは日曜日のことだが、休日についても言った。そこで、半分休日の土曜日を「半ドン」と呼んだという次第だ。「半休」や「土曜」を「はんドン」と読ませた例も残っている。博多祭を「博多どんたく」と呼ぶのは有名だが、さしずめ「博多の休日」というわけだろう。

つい最近まで、土曜休日が徹底していたわけではなく、多くのサラリーマンは「半ドン」の土曜日を楽しみにしていた。

明治文学の記念碑的な『浮雲』の書き出しには、午後三時ごろ官庁街からはじき出されたように退出する官員の群れが描かれているが、当時の官員は毎日が半ドンに近い勤務だったのだろうか。

明治時代、東京丸の内では、正午を知らせる空砲を鳴らし、「ドン（午砲）」と称した。今にしてみると、これが半ドンのドンと重なる気もするが、まったく関係はなさそうだ。

山の神

「うちの山の神」というのは一昔前の言い方になってしまった。今は「うちの上さんが」で、年輩者ばかりでなく結婚間もない男性までもが言う。「山の神」にくらべて「上さん」の方がぐっと軽い。

それもそのはずで、山に鎮座《ちんざ》する神様は、まさに神代の昔からあがめられ、里人にとっては怖い存在であった。その神に自分の奥さんをたとえるのだからかなり格は上だ。だから、ある程度年を経て強くなった奥方でないと「山の神」とは言えない。

それに対して「上さん」の方は、もともとは上位者の奥方を呼ぶ尊敬語だった。それが人妻一般の軽い敬称として使われ、現今の料理屋の「お上さん」につながる系列にあって、たいして格があるとは言えない。と言うと叱られるかもしれないが、親しみはある言葉で、単に「お上」とも言う。町家の奥さんを敬って「お内儀」と呼んだところから「お上」に「内儀」を当てたこともある。茶屋や料理屋の「お上」は特別「女将」と書くことになっている。

三くだり半《はん》

「三くだり半をたたきつけてやった」などと今時耳にすることは少ない。「三くだり」は「三行」のこと。「くだり」は、上から下に書き進める、日本語の縦書き「行」の特徴をよく表していると思うのだが、文章の一節、特にその数行についても言う。

「最初のくだりを読んでみて」と言われたら、文章の冒頭一、二行のことだ。そこで「三くだり半」となると、三行と行半ばの一行となる。つまりは、離縁状の多くが三行半程度に書かれるのが通例であったことから、この言葉は生まれた。漢文まがいの原文を仮に読み下した例を示そう。

その方　われら勝手につき　このたび離縁つかまつり候　然る上はいず方へも縁付き候とも差しつかえこれなく候

「われら勝手につき」と、夫の都合によると明示することと、「どこへ嫁いでもよろしい」という文言が肝心で、これを持っている女性は、公に再婚できたのである。

やまかん（山勘）

「今日の試験はやまかんが当たった」と言ったとき、二つの意味になる。一つは、事前に「やまをかけて」出そうなところだけを勉強してきたのが見事に当たったという場合。もう一つは、○×式試験などを前にして、多分こっちだろうと「やまを張って」次々に正解できた場合だ。事前のものにしろ、その場のものにしろ、実力とは別の本人の「勘《かん》」が功を奏したわけである。

「やまをかける」「やまを張る」のどちらの「やま」も鉱山のこと。昔はそこに鉱脈を見つけるのは勘だより、運だよりのことであった。そこで勘に頼って一か八《ばち》かの勝負をするときの勘を「やまかん（山勘）」と呼ぶようになったのだ。「やま師」の勘とするのは、逆というものだろう。

「やまかん勝負」はたまにかけてみるからいいのであって、いつもいつもそんな生き方ばかりをしていると、目標もない「やまかん人生」で終わってしまう。

露払《つゆはら》い

　比較的よく知られているのは、横綱の土俵入りで先導を務める力士のことだ。芸能で、冒頭ちょっとした芸を披露する人のことも言った。貴い人が出歩くときにも、ずっと下って、花街《はなまち》のおいらん道中にも「露払い」はついた。

　語の成り立ちについては、まだ露の残る野の道を行く一行の先頭に立つ人を想像すれば足る。つまり、足下の草露《くさつゆ》を先頭の人が払っていくので、あとに続く人はぬれることもなく安全に歩けるというわけだ。

　遠い昔の遊戯の「蹴鞠《けまり》」を持ち出してその淵源《えんげん》を説くこともあるので、一応説明しておこう。蹴鞠をする場合の四方には、桜・楓《かえで》・柳・松が植えられていた。遊戯を始めるに当たっては、まずそれら樹々の露を払ったという。つまり、その行為と、それをした役の人を「露払い」と称したとするものだ。しかし、こういう堂上高貴《どうじょうこうき》の人々の風習から庶民に広がったとは、とても考えにくい。

下馬評《げばひょう》

「下馬評では、野党が大躍進」とか、「下馬評じゃ、社長はもうすぐ退陣だそうだ」などと言う。その意味は、世間での評判、予想のこと。その意味と馬という漢字が重なって、競馬を連想させるところがあるが、まったく関係ない。

「下馬」とは馬から降りることだが、お城の門や寺社の入口には「下馬」と大書した「下《げ》馬《ば》札《ふだ》」が立てられていることが多かった。ここで馬から降りてあとは歩いてくださいという意味だ。馬に乗っておつきの者たちに守られてやってきた偉いお侍さんなどは、そこで降りて中へ入っていく。

おつきの者たちは、その辺にたむろしてお帰りを待つことになる。そんなとき、おつきの者たちは解放された気分で、噂話などをくり広げるというわけだ。

「下馬札」の立つあたりを「下馬先《げばさき》」と言うが、その下馬先での評判が「下馬評」である。下々の者が噂する下馬評は意外に当たるものだ。

ちゃりんこ

チャリンコ？　自転車のことでしょう？　別に忘れられてもいないじゃないと思った方は、相当に若い。かつてこの言葉は、次のように使われていた。

「昨日祭りに出かけたら、ちゃりんこに銭をすられちゃったよ。すぐに気づいて追っかけたんだけれど、逃げられた」――これは何も、自転車に乗ったスリというわけでもないし、自転車だったから走っても追いつかなかったという意味でもない。

この言葉は、もともとは子供のスリをさす隠語であった。日本がまだ貧しかったころ、スリをする子供がけっこういたのだ。チビですばしっこいから、うまくいったのだろうが、悲しい話だ。人の集まるところに、たいていは二、三人でたむろしていた。

「ちゃりんこ」なんて普通の辞書には載っていないだろうと思って、二、三見てみた。すると、松井栄一さんの最新刊『小学館日本語新辞典』には俗語として「①子供のすりのこと②自転車のこと」とちゃんとあった。

あっかんべえ

もと「あかんめ」で、さらにさかのぼれば「あかめ（赤目）」だ。「あっかんべえ」と言いながら、下まぶたを指で押し下げて裏の赤い部分を出して赤目のように見せる。同時に長々と舌を出すこともあるが、こういう気持ち悪い顔をして相手を拒否したり、からかったりするわけだ。今日では「あっかんべえ」の形が広まっているが、少し前までは各地さまざまな変形があった。

「あかべ」「あかべえ」から始まって、「あかちゃかめえ」「あかちょこべえ」「あかんべろ」などと長いものもある。

さらに関西で言われるらしい「べっかんこう」の系統もあって、これは「べかこう」から「めかこう」にさかのぼり、最終「めあこう（目赤う）」に至るものかもしれない。つい最近、田辺聖子さんの随筆で、「山の上の大入道、やーいやーいのべっかんこ」というのを教わった。

べらぼう

「お前なんかに負けてたまるか、べらぼうめ！」などと使う。また「そんなべらぼうな金が払えるか！」と言うこともある。バカだ、たわけだ、とののしる言葉から、程度のはなはだしいさまを言うようになった。

この言葉、実は「便乱坊」とも書く。江戸時代、寛文年間に、全身真っ黒で、頭が尖《とが》っていて、目は赤く、あごが猿のような形をした醜い人間が見世物小屋に出ていた。その名前が、この「便乱坊」だった、という話にもとづくものだ。しかし、この字を当てた実例があるわけでもなさそうなので疑問だ。ご飯から作るそくい（御飯をねって作るのりのこと）をこねるへらの「箆棒《へらぼう》」からきたとする説もあり、荒っぽい職人たちが使いはじめたとみればうなずける。江戸っ子漱石はこの語を沢山使っているが、ほとんどを「箆棒」と書いている。「べらんめえ」も、この「べらぼうめえ」から出た言葉だ。もともと、ののしり言葉であったものが、江戸っ子の代名詞となって「べらんめえ調」も生まれた。

太平楽《たいへいらく》・千秋楽《せんしゅうらく》

「よくこんな非常時に、太平楽を言ってられるな」「まったくあいつは、いつだって太平楽で、あきれてしまうよ」などと使う。のんきで、好き勝手な様子を表す言葉だ。

文字を見るからに、平和でのんびりとした感じがする言葉だ。実はもともと雅楽《ががく》の曲名の一つ。雅楽と言えば、悠々としてのんびりした印象を与える音楽だが、その中でも「太平楽」は、ことさらのんびりした曲調だった。そこから、このような意味で使われるようになったとされる。ただし、語の意味としては、好き勝手、わがままなこと、の方がもとのようだ。古くは「太平楽の巻物を並べる」などと言ったらしい。太平楽の連続演奏とでもいうべきものだろうか。

ちなみに、能狂言・芝居・相撲の最終日を「千秋楽」と言うが、これも雅楽の曲名だったのだ。法会《ほうえ》などで演奏される最後の一曲は「千秋楽」と決まっていたところから出た語だ。略して「らく日」「らく」とも言う。

おためごかし

「とんだおためごかしだった」とか「そんなおためごかしを言うなよ」「おためごかしの親切などやめてくれ」などと使う。「おため」は「御為」のことと知れば十分として、「ごかし」がわからない。

「ごかし」はもとは「こかし」、動詞「こかす」から出たもの。「こける」の方がなじみ深いが、その他動詞形だ。倒す、ころがす、の意から、ごまかす、だます、の意ともなる。接尾語となった「ごかし」は、いろいろな言葉について、そのもののようなふりをして、他人をだます意を表す。だから、先に挙げた「おためごかしの親切などやめてくれ」を、「親切ごかしの物言いはやめてくれ」と言い替えることもできる。

そこで、「おためごかし」は、あなたの為にと装いながら自分の為に利をはかる、ということになる。そのやり方が巧妙だと、つい「おためごかしにだまされる」ことになる。「おためごかし」のうまい奴は、上の人に「おため顔」ばかりしていることだろう。

総スカン

「仲間うちから総スカンを食う」「いい案なのに総スカンとはね」などと使う。「総」はそのままわかるが、「スカン」がわからない。

そもそもカタカナで「スカン」と書くことが多いほどに、その語の成り立ちが忘れられているものだ。しかし、もとが「好かん」だと知れば立ちどころに納得できる。皆が「好かん」とか「好かんやっちゃ」と反応することが「総スカン」というわけだ。

「総スカンになった」とか「総スカンにされた」とか言ってもいいが、「総スカンを食う」という言い方が合うようだ。「あんな鼻持ちならないことばかり言っているから、総スカンを食うのは当然だよ」と。「総スカンを食らう」という表現の方がぴったりの場合もある。「長年あたためてきたプランだから、あんなに簡単に総スカンを食らうなんて思ってもいなかった」と。良かれと思っていたことが皆に反対されたときなどの口惜しさもにじみ出ようというものだ。

村八分《むらはちぶ》

仲間はずれにされることを言う。「クラスで村八分にされた」などと、場所、場面にかかわらず「村」が入る。それは「村」という共同体の中で盛んに見られた現象であり、よく使われた言葉であったからに違いない。

江戸時代には「八分」だけで、仲間はずれにする、のけものにする、の意があった。「八分する」「八分される」の形で使い、本来は、村の掟に違反した者に対する制裁で、村人たちがこぞって、一切相手にしないことを言った。各地の方言にも残っていて、人に話しかけられたのに、それを無視するといった場面でも使われたらしい。今日言うところの「シカトする」だ。

近代封建社会の悪しき遺風《いふう》として、「村八分」がクローズアップされたときに、「村八分になってもあと二分は残る」、すなわち葬式と火事のときは例外で、仲間に入れたという俗解も広まったのではないかと思う。自信はないが、戦後のことではなかったろうか。

破廉恥《はれんち》

もともとは漢語だが、漢字がむずかしいので、ひらがなで、いや大方は軽く「ハレンチ」と、カタカナで書いてしまう。しかし、もとを知れば、意味も用法もはっきりして、なかなかの言葉なので、日常の中でも漢字を使いたいものだ。

「破廉恥」と書く。まず「廉恥」だが、「廉」は「清廉潔白」の「廉」だから、潔白で恥を知る心が強いこと。それを「破る」のだから、「破廉恥」の意味は、恥を恥とも思わないこと、人の道に反することを平気ですること、などの意となる。「破廉恥極まりない男だ」とか、「破廉恥にもほどがある」などと使うとよい。

『ハレンチ学園』なんていう漫画の影響もあってか、もっぱら性的な乱れ具合について言うと思いこんでもらっては困る。もちろん、そういう性にまつわる卑劣な行為も含まれるが、世にはとかく「破廉恥者」や「破廉恥漢」は多く、「破廉恥罪」と言えば、殺人罪はもとより、道徳に反する犯罪行為はすべて入る。

折り紙つき・お墨つき・札《ふだ》つき

今では「折り紙」と言えば、ツルやカブトなどを折る、色紙のこと。しかしもとは、奉《ほう》書紙《しょがみ》を二つ折りにしたもので、古文書の形式の一つ。折らないままの一枚の「立紙《たてがみ》」よりは略式とされた。お上《かみ》の通達や鑑定書などに用いた。転じて、鑑定書そのものや、広く認定書のことをいう。「折り紙つき」と言えば、「鑑定書」や「推薦書」がついているような、信用できるものという意味になる。

これに近い言葉が、「お墨つき」。墨で記された主君の花押《かおう》（直筆サイン）がついている文書のことだ。褒美や加増の約束が記された文書とて、花押がなければ効力はない。つまり「お墨つき」とは、その内容を主君が保証しますよということであった。

ところで、「札つき」になると、話はガラリと変わる。「あいつは札つきの悪だ」「札つきのおしゃべり女」などと使う。評判が世に知れ渡っているという意味だが、なぜか悪い評判に限って言う。

虚仮《こけ》にする・虚仮おどし

「あいつめ、俺のことをこけにしやがって」などと使う。「バカにする」よりは深刻で「愚弄《ぐろう》する」ぐらいの気分を伴う。

「こけ」は、漢字で「虚仮」と書き、立派な仏教用語である。だから「きょか」とは読まずに呉音《ごおん》で「こけ」と読む。元来は、万物は虚で実体がなく、仮に現れているだけだという意味。そこから、真実ではないこと、外側と内側とが違うこと。さらには考えの浅いこと、おろかなこと、またはそういう人のことを指す。

「虚仮おどし」という言葉は、見せかけ、外見だけ立派で内容のないこと。「ありゃ、見かけだけの虚仮おどしだ」などと使う。

「虚仮の一つ覚え」「虚仮の骨頂」などという表現ではバカにその席をゆずってしまったが、「虚仮の一心」は生きている。どんなにおろかな人間でも、一心にがんばれば立派なことも成し遂げられるという意味だ。

ひそみにならう

この言葉は、二つの意味で使われてきた。まず、善し悪しを自分では考えずに単に人の真似をすること。また、見習うべき人や、その人の行為に倣《なら》いたいと思って、自分も同じようなことをするときに謙遜《けんそん》して使う。「昔の大店《おおだな》のひそみにならって早々と隠居した」などはよいとしても、あまり日常のことでは、もはや使いにくい。

「ひそみ」は「顰」と書き、「眉を顰める」ことだ。この言葉は、もとは中国の『荘子《そうし》』にある故事「西施《せいし》の顰に倣う」による。越《えつ》という国に西施という美女がいた。西施は胸を患っていたために、いつも眉を顰めていた。しかし、その様子がとても美しかったので、他の女も、西施の真似をして、眉を顰めるようにしたという。原典では、その女なるものが「醜人」であったとあるから、周りが驚いたのも無理はない。それは、もともと美しい西施がやるからさらに美しく見えたのであり、誰も彼も真似をしたところで、逆効果になるだけだった。そこから、先にあげた意味が生まれたわけだ。

藪《やぶ》入り

　年季奉公《ねんきぼうこう》の風習もなくなったので、この言葉はほとんど死語だ。古く、田舎から都会に出て、住み込みの奉公生活をしている少年少女が、年に二回、正月とお盆にだけ、ほんの数日実家へ帰してもらうことを言った。草深い田舎に帰るという意味だ。帰る人はうれしいのだが、なんとも切ない響きのある語だ。

「やどさがり」「やどおり」「やどいり」とも言い、どちらも「宿下」を当てた。「やど」とは、我が家、実家のことだが、この場合は特に奉公人の親元や請人《うけにん》のことである。つまりは「宿に下がる」ことだ。「やどさがり」は、やや格式ばった趣があるが、それもそのはず、武家に奉公する腰元《こしもと》、女中についてはこちらを使った。「宿へ下げる」と言えば、解雇して帰すことになる。

「藪入り」の日には「地獄の釜《かま》の蓋《ふた》があく」とされた。これは奉公人のつらさがにじみ出る表現だが、本人たちの言う言葉ではなかっただろう。

ほぞを噛《か》む・ほぞを固める

「若いときに勉強しないと年とってからほぞを噛むことになるよ」といった、やや改まった話の中で使われる。後悔することであるが、もはや取り返しのつかない事態になってからの深刻な後悔を言う。

「ほぞ」はへそと同じで「臍」と書く。人が自分のへそを噛もうとしても、とてもとどかないことにたとえたもの。「へそを食う」とも言う。中国の古典に見え、日本でもごく古い時代から使われてきた。

同じように長く使われてきた慣用句に「ほぞを固める」がある。これも自分のへそを固くしてみるとわかることで、気をひきしめて覚悟をする意味になる。「もうほぞを固めたからどうなろうとかまわない」などと使う。「ほぞを固めてかかる」では、しっかり決心する意にもなる。「ほぞが固まる」と言えば、決心がつくことで、同じように身体部位を取り込んで、「腹をくくる」とも言う。

三国一・三国伝来

「三国一の花嫁さん」と褒めそやす風景は、まだお目にかかることがある。これを聞いて、さて三つの国は、と数え上げる必要はない。この場合はすでに「三国一」ならず「世界一」の意味になっているからだ。

「三国」とは、唐《から》（中国）、天竺《てんじく》（インド）、日本の三国で、これで世界の意味があった。だからといって「世界一の花嫁さん」では軽すぎて褒めたことにならない。この辺に言葉の伝統の妙というか、重さがある。

そう、「三国一」自体が褒め言葉に定着している。「三国一の花嫁さん（花婿さん）」と聞いて、ほんとうかななんて考え込む必要は全くない。「三国一の富士の山」も、単なる褒め言葉だから、世界の山々とくらべて云々するものではない。

「三国伝来」というときの三国は、インド・中国に朝鮮が加わり、これら三国を経由して日本にもたらされたという意になる。仏教やその関連の物事について言う場合が多い。

どどめ色

こんな方言を取り上げるのも妙だが、ちょっとその世界を広げてみると案外おもしろくなるかもしれない。

「どどめ」は桑の実をいう関東地方の方言だ。だから、「どどめ色」は、あの濃厚な紫色にうれた桑の実を思い出せばよい。

「桑の実」をいう方言を挙げてみると、「いちご」「うずら」「ぐみ」「くろんぼ」と、なんとなくイメージできるものがあるものの、これらに「色」をつけて「……色」という言い方はないのかもしれない。なぜか「どどめ色」だけその存在が知られるようになった。もっとも、それも一時テレビなどではやったものだろうから、もう忘れられている。「ぶどう色」「えび色」ほどの生命力はなかったわけだ。

桑の実を実際に摘んで食べた経験のある人なら、それぞれの言葉をお持ちかもしれない。桑畑で、口のまわりを「……色」にした子供のころが懐かしい、と。

ポンコツ

「もうポンコツ同然だよ」と、老人が自分を卑下してなげやりに言うことがある。言葉の響きから、その意味はなんとなく察せられるが、もとはポンコツ自動車のこと。転じて、故障ばかりして使いものにならないもの一般に言う。

人間について言えば冒頭のようなことになるが、それが、自動車を解体するときのポンポンコツコツという音から来ていると知れば、あわれさが増してくる。この長寿社会、どんなにくたびれても解体寸前の老体なんて自覚しないでほしいものだ。

この話は、戦後発表された阿川弘之《あがわひろゆき》の小説『ぽんこつ』によって広まったものらしい。自動車解体業の「ポンコツ屋」があちこちで見られた時代のものであるが、現今あまり目に触れない。古く明治期には、「げんこつ」のことを外国人が「ポンコツ」と聞き違えたという話もある。だからといって、げんこつで自動車が解体できるわけでもないので、直接の関係はないだろう。

あだ花《ばな》

「あだ花に終わる」「悪のあだ花」などと使う。実を結ばないまま散る花であることは、なんとなくわかる。しかし、「あだ」が判然としない。しかも、思いつく同音の「あだ」が三つもある。こういうときは、複合語や慣用句に頼るほかない。

仇…あだうち（仇討）・恩をあだで返す

徒…あだなさけ（徒情）・あだやおろそかにできない

婀娜…あだ（婀娜）っぽい・あだな年増

ここでは、いきなり漢字を想定して整理してしまったが、手続きとしては逆で、あれかこれかとたぐっていくうちに漢字が浮かんでくる。もう言うまでもないが、「あだ花」は「あだなさけ」と同じ成り立ちの語だ。漢字を当てるとすれば「徒花」だ。いかに「あだっぽい」女性だからといって「彼女はわが社のあだ花」なんて使っては困る。漢字制限もあってかな書きが多くなっているので、言葉の素性をつかむのが難しく、誤用も増えた。

第四章　それってどんな様子だっけ？

ラブは高尚で、ホレルは猥褻《わいせつ》だとさ。洋服なら腕を引ッかけあふも高尚で、
蛇の目《じやめ》なら合ひ合ひ傘も猥褻だとさ。

——山田美妙《やまだびみよう》『言文一致 文例』より

ねんごろ

「あの二人はいつの間にかねんごろになってしまった」などと、仲むつまじいとか、もっと深い関係にあるとかの意味で使われることが多くなった。

しかし、もともとは一般的には、心のこもったさま、親身なことをも言ったわけで、「ねんごろに弔《とぶら》う」「ねんごろにもてなす」は、今でもよく聞く表現だ。

語源については、木の根を持ち出して「根もころ」の変化したものとする説がある。根が入りくんで、こり固まっているさまになぞらえるわけだ。『源氏物語』や『伊勢物語』に見える表記は「ねむころ」で、さらに『万葉集』にさかのぼると「ねもころ」の形になる。たとえば「あしひきの山に生《お》ひたる菅《すげ》の根のねもころ見まくほしき君かも」といった歌からも、「根」との関連はうかがえよう。

なれ親しむの意の「ねんごろがる」もあった。「ねんごろきる」となると縁を切る意となる。「ねんごろ」自体をサ変動詞にして、「ねんごろする」とも言った。

首ったけ

「あいつはおれに首ったけなんだよ」なんて鼻の下を長くして言う若者は減ってきた。軽音楽や映画の世界では現役のようだが。

江戸時代から使われてきた言葉らしいが、さかのぼれば「くびだけ」で、さらにさかのぼれば「くびたけ」だ。漢字で書けば「首丈」で、足もとから首までの高さのことだ。そこから物事が多く積もるさまに使う。「首丈の水につかってしまった」「くびったけの借金」などと言った。

「首丈の水につかる」というイメージから、転じて、ある対象に注ぐ気持ちや思いが深い、そのことに深くはまりこんでしまう、の意味へと直結する。

異性にほれこんでしまう様子にもぴったりで、この意味で多用される。それは、「首ったけ」となって余計こちらの用法に傾いたのかもしれない。江戸好みだろう。また、ひょっとして、好きな相手の首に手を回す姿を連想した向きもあったかもしれないが……。

てんやわんや

「てんやわんやの大騒ぎ」が決まり文句になっている、「騒ぎ」を修飾する形容詞だ。つまり、混乱して収拾がつかなくなっている、大騒ぎの状態を示している。獅子《しし》てんや・瀬戸わんやという漫才コンビの名前でもおなじみだ。

一人ひとりが、各々それぞれであるという意味の「てんでに・てんでんに」に、筋が通らないこと、めちゃめちゃであるという意味の「わや」がついてできた言葉とされる。「わやわや騒ぐ」の「わやわや・わんやわんや」と関係つけることもできよう。

この語源から考えると、みんながばらばらに騒いでいる、という点がこの言葉のポイントである。だから、「お目当てのスターが登場して、客席はてんやわんやの騒ぎになった」という状況には、ちょっとそぐわない。「首相の問題発言を受けて、議会はてんやわんやの騒ぎになった」とか、「『合格者なし』と聞いて、教室の学生たちはてんやわんやの大騒ぎだ」などと使う。

しゃらくさい・しゃれたふうなこと

時代劇で、威勢のいいお兄さんが「何をしゃらくさいことを言いやがる」などと言っているのを聞いたことがあるだろう。うっとおしいとか、冗談じゃないぜ、という感じがするが、本来の意味は忘れられつつある。正しくは、分に似合わず、気の利《き》いた真似《まね》をすることについて言い、生意気だ、こしゃくだ、という意味になる。

漢字では「洒落臭い」と書く。語源には諸説ありはっきりしていないが、古くはしゃれたさまをいう「しゃらな」という形容詞もあったことなどからも「洒落《しゃれ》る」と関連があることはたしかだろう。「しゃれる」自体も、生意気な真似をするという意味でも使われた。今日でも「しゃれたふうなことを言いやがる」などと耳にすることもある。「聞いたふうなこと」も同じだ。

浮世絵師の東洲斎写楽《とうしゅうさいしゃらく》の名前から転じた、という説には無理があるものの、反対に、写楽が「しゃらくさい」という言葉から名前をとったとするのはうなずける。

けんもほろろ

「丁重にお願いしたのに、けんもほろろに断られた」などと使い、相手の気持ちなど斟《しん》酌《しゃく》することもなく、いともあっさりと、冷たく断る様子を言う。

「けん」は刀剣の剣を連想させるが、全然違う。実は、「けん」も「ほろろ」も、ともにキジの鳴き声「ケンケン、ホロホロ」から出たとされてきた。その声に愛想がないので、このような意味で使われるようになったという。

また別に、「けんつく」「つっけんどん」の「けん」、あるいは権力の「けん」とかけたという説もある。

キジの鳴き声説を検証しようと思ってもその機会はない。「ケンケン」の方は昔話『桃太郎』のキジが、桃太郎さんにつき従いたいとやってきて、「ケンケン」と鳴いて話しかける声としてわずかに記憶に残るものの、「ホロホロ」の方はさっぱりわからない。これはキジの羽音を聞きなしたものともいう。

へちゃむくれ

ののしり言葉だから、バカを始め意味するところはいろいろになる。「へちゃ」で、鼻ぺちゃや不美人を言う方言があるので、顔立ちがどこか「むくれ」ているのを言うのかもしれない。「へしむくれ」もあって、これは「へし口」という語から生まれたとされる。不愉快になって口が「へ」の字にむくれることか。

顔立ちについてののしる言葉は、昔からいろいろあるが、「ちんくしゃ」は、あまり憎めないで、愛嬌《あいきょう》を伴う。犬の狆《ちん》がくしゃみをしたような顔というのを縮めた言葉として、よく知られるものだ。

顔の造作そのものを取り上げて、からかったりバカにしたりするのはよくないが、こういう言葉は、その言葉本来の意味を離れて、単なるののしり語として使われる場合の方が多い。だから、いちいち語源にさかのぼってみたり、それを知ってはじめて腹が立つといった類の言葉ではない。それだけに、語形がいろいろになるものだ。

しどけない・しどろない・しだらない

「しどけない」は、『源氏物語』の時代からある言葉だが、語源がわかっていない。同様の意味で使う「しどろない」「しだらない」もあって、こちらは少し新しい。

「しどろない」のもとは同義の「しどろ」だ。「しだらない」のもとは「しだら」だ。

現代風の使い方としては「しどけなく前をはだけている」くらいが適当だろうが、やや耳遠くなった「しどろない」も同じように使っていいものだ。「昨夜のお前のしだらったらなんだ」と、普通言う「ていたらく」に替えて言ったとして、その語感だけで通じるのではあるまいか。

それもそのはず、「しだらない」は、徐々に音変化して「だらしない」の形で今日に生きている。「しどろ」は「しどろもどろ」に生きている。そういえば、「自堕落《じだらく》」は一人前の漢語面をしているが、もとはこの仲間かもしれない。こういう擬態語《ぎたいご》から出たと思われる言葉は、擬態語と同じように、語形にゆれがあるのが常である。

度《ど》しがたい

「まったくあいつは、度しがたい女だ」「あすこまで頑固になられちゃ、ほとほと度しがたいよ」などと使う。

この言葉の成り立ちは「度し＋がたい」だとすぐにわかる。さてその「度し」のもと「度する」だが、物の道理を言いきかせてわからせるという意味のサ変動詞だ。

もとの語は「済度《さいど》する」だ。「済度」とは仏教用語で、救済、救いの意味だ。仏様が、人間を苦しみや迷いから救い、悟りの境地に至らせることをいう。「済度」された人間は静かに彼岸《ひがん》に渡ることができるというわけだ。「済度する」を略して「度する」と言う。

仏様ならぬ普通の人間が、わからずやに道理を説き、納得させることにも使うようになって、「度する」ことができない状態を「度しがたい」と言うようになったのだった。

相手のでたらめさや頑迷さを、見るに見かねてお説教をするのだが、一向にわかってもらえない、もうどうしようもないやと、さじを投げてしまったときなどに使うといい。

のっぴきならない

「のっぴきならなくなって、とうとう引き受けてしまった」は「どうにもならなくって……」と同じことだが、やや格調が高い。とは言っても「のっぴき」の語義を意識して使っている人は少ないだろう。「のっぴき」は「のきひき（退引）」が変化したもので、意味は退くことも引くこともできないということ。よけることも退くこともできない、どうにも動きのとれない、困った状態を言うわけだ。

状況としては、「進退きわまる」とほぼ同じような場面で使われる。そちらが漢語出身とすれば、こちらは和語出身ということになる。そのせいもあって、同じ状態を言うのにしても硬軟を感じさせる。すなわち「のっぴきならない」には、ギスギスした感じがない。たとえば、来るはずの人が来ないので、「きっとのっぴきならないご事情でもできたのでしょう」と思いやるときなどにぴったりだ。もちろん、「のっぴきならなくなって死を選んだに違いない」などと、深刻な場面でも使えるものではあるが。

なぶる

「なぶる」ですぐ「嬲」を思い浮かべる人はかなりの漢字通だろう。大方は、この字から二人の男が女性一人を「なぶりもの」にしている姿を想像してしまう。からかったり、もてあそんだりして、とうとう「なぶり殺し」にしてしまっては犯罪だ。

平安の昔からこの字を当てることが多かったので、どうしても、こういう悪い意味がつきまとってしまうが、単純に「いじる」と同じようにも使われる。関西弁では「いらう」に当たる。両方とも漢字を当てるとすれば「弄」だ。そこで「もてあそぶ」も思い浮かぶことになる。

「前髪をなぶりながらほほえんだ」などとも使えるが、今日では「いじる」の方が普通だ。「なぶる」も「いじる」も手を使うわけだ。さらには、「いじくる」や「いじくりまわす」もあるが、いよいよ俗語の雰囲気を強め、かつしつっこさも加わるように思う。「なぶくる」は方言にしかない。

ちちくる・ちちくりあう

「ちちくる」でも「ちちくりあう」でも「乳繰」を当てることが多いので、直ちに乳と関連づけたくなってしまう。しかし、ほかに、いろいろな変化形が存在することからも、これは単なる当て字と知れる。

古く上方では、「ちゃちゃくる」「ちゃちゃくりあう」、さらには、「ちぇちぇくる」「ちょちょくる」などとも言ったらしい。今日では、「いちゃいちゃ」や「いちゃつく」を連想するが、どれもこれも、いわゆる擬態語にもとづく言葉であろう。

「あの若造は隣のミヨちゃんとちちくりあってばかりいる」のは、まだ深い仲にはなっていない感じがする。現今はこの手の軽い調子の意味で使うのが一般的だが、古くはもっと深刻で、男女が情を交わすことから、人目をしのんで密通することまでも言った。近ごろ「人前でちちくり合う」男女が増えたが、いかにエッチだといっても、それこそ胸をさわる程度で、事にまではおよばないだろう。

すさぶ・すさむ

「すさんだ生活をしているから肌も荒れている」とも、逆に、「すさんだ肌からその生活ぶりがうかがえる」とも使える言葉だ。

奈良時代からある古い言葉だ。「すさぶ」から「すさむ」となって今日に至る。最初は「言いすさぶ」「吹きすさぶ」などのように、その動作がどんどん進む、激しくなるという意味を加える語だった。物事は、とかく悪い方向に進むもので「心がすさむ」と言えば、気持ちがなえたり、心移りしたりすることになる。冒頭の例はこの系列に属する。

「琴をひきすさぶ」「歌をすさぶ」などのように、何かを気ままにするの意味もあったが、今日わずかに「口ずさむ（口すさぶ）」「口ずさみ（口すさび）」が残っている。「手ずさむ（手すさぶ）」はもはや消えた。形容詞に転じた「すさまじい」はご存じの通りだ。

「すさむ（すさぶ）」の意味用法は広いので、辞書などが普通に当てる漢字「荒」では、とてもカバーしきれない言葉である。

しょぼくれる・そぼふる

「一回くらいの失敗でしょぼくれなさんな」とか「そんなしょぼくれた顔は見たくもないね」などと普通に使うが、いかにも俗語っぽい言葉だ。

「しょぼくれる」は、どこかの方言では古くからあったかもしれないが、ごく新しい言葉のようだ。おなじみの「しょぼしょぼ」の方が古くからあり、これから出た語だと容易に察しがつくところだ。

小雨が少しずつ降り続くさまを音に移した擬態語が「しょぼしょぼ」だ。そういう雨に濡れているさまは、いかにもみじめったらしいので、みすぼらしく覇気《はき》のないさまを形容することになり、その一部を動詞化したのが「しょぼくれる」だ。「しょぼたれる」という語もあるが、さらに俗語臭の強い言葉だ。

今日でも普通に使う雨の「そぼふる」は、そのもとになる動詞「そぼつ」とともに万葉時代からある語だ。「そぼそぼ→しょぼしょぼ」の変化も大いに考えられるところだ。

いの一番

「いの一番に飛び込んだ」「いの一番で診てもらった」などと使う。物事の順番は今では「あいうえお順」が多くなったが、以前は「いろは順」だった。それが、近代になってから、国語辞書の配列も、芝居小屋の座席も、「いろは順」から「あいうえお順」へと徐々に変わってしまった。古いお風呂屋さんや料理屋さんには、「いろは順」に並んだ下足入れがまだあるかもしれない。五十音では二番目になっちゃうからといって「あの一番」という言葉は生まれなかった。

このように慣用が変わっても、「いの一番」だけは健在なのだ。いろは歌は忘れられても「いろはにほへと」くらいは誰でも知っているからで、この語は生き続けるだろう。「いちばん」の「い」の音と響き合って語呂もいい。

昔は、といっても明治の始めのころまでの話であるが、寺子屋や学校で習う文字の最初が「いろは歌」であって、文字の順序も五十音よりはずっと覚えやすかった。

下駄《げた》を預ける

「あとは下駄を預けて私らは帰りましょう」などと使う。物事の処理、先行きのことを他にまかせてしまうことだ。まかせられた方は「そう簡単に下駄を預けられても迷惑千万だ」と思うかもしれないが、たいていの場合はそれで収まりがつく。

どうしてこういう表現が生まれたのだろうか。自分がはいている下駄をぬいで、相手に預けてしまうと考える人もあるかもしれない。下足番などに預ける場面を想像して、あとは勝手な行動がとれなくなるというふうに、妙な方向にも進みかねない。

実はそんな難しい理屈はなく、自分の下駄の向く先具合を他にまかせてしまうことを、比喩的に言ったものであろう。以後は、「下駄を預けた」人の指図通りにもなり、指された方向、出された結論にも従うことになる。

預ける相手が、大方は年輩者や上司だからこそ収まりがつくのであって、責任の取れないような下っ端や若造に預けるという無責任なケースはまずない。

ちゃんちゃらおかしい・笑止千万《しょうしせんばん》

「ちゃんちゃらおかしくて、やってられない」は、まったくばかばかしくて取るに足らないという意味。この言葉とその意味はまだまだ広く知られているものの、「ちゃんちゃら」とはそもそも何だろうか。

「ちゃら」とは、いいかげんなこと、でたらめといった意味で、「貸し借りをちゃらにする」や「ちゃらんぽらんな仕事をする」の「ちゃら」「ちゃらんぽらん」と同系の語である。そんな「ちゃら」の上に、語呂合わせで「ちゃん」をつけたのが、「ちゃんちゃら」だろう。

さらに、「ちゃんちゃらおかしくて」に「へそが茶を沸かす」を続けることも多く、こうなると、非難したり、バカにしたりする気分が倍増する。

格式ばった漢語で言えば「笑止千万」ということになる。ただし、「笑止」は、笑うべきことだの意のほかに、恥ずかしい、気の毒、さらには物騒などの意でも使われてきた。

おっとり刀で駆けつける

今日では「おっとり刀で駆けつける」としか言わないので、おおように構えてゆっくり駆けつけるかのように誤解されかねないが、全くその逆の話だ。おっとり構えるの副詞「おっとり」とは無関係の語だ。武士が出かけるときは刀は腰に差すものだ。それなのに、腰に差す間もなく刀を手に持ったまま駆けつけるのだから、余程の緊急事態が生じて、大あわてで駆けつけるという意味になる。

「おっとり」は、動詞「おっとる」の連用形である。「おっとる」は「押し取る」の変化した語で、急いで手に取ることだ。家の中にあって、腰からはずして置いたままになっている刀を「おっとって駆けつける」というわけだ。

刀ばかりでなく、「おっとり銃」でも「おっとり鍬《くわ》」でもいいわけだが、いずれも「おっとり刀」で代表させるところに慣用句の慣用句たる所以《ゆえん》がある。もっとも、「おっとり笄《こうがい》」とも言ったそうで、急いで髪に挿した笄が、かえって粋であったとか。

鉾《ほこ》を収《おさ》める・鉾先鋭《ほこさきするど》く

慣用句「鉾を収める」を聞くのはまれになった。鉾は槍《やり》や長刀《なぎなた》と並んで使われた長柄の武器だ。構えて持っていた鉾を収めるのだから、戦いをやめる意味になる。槍や長刀を収めるとは言わないところがおもしろい。

「長期にわたる反対闘争も、ついに組合側が鉾を収めて終結した」などという新聞記事を目にすることはすっかりなくなった。たまたま見つけた非を攻めたてるキツイ女子社員に、「そろそろ鉾を収めてくれよ」と泣きつく課長さんは、きっとどこかにいるだろうが……。

「鉾先」は先端の刃のことだが、「鉾先鋭く」は論争、弁舌などについて比喩的に使う。「鉾先が鈍る」も、まだ使われるようだ。

鉾は、武器としてよりも、儀式や行列などに登場する装飾的な武具として使われることが多かったために、刀剣、武器の象徴と目され、ひいては戦う姿勢や戦闘についての慣用句に取り込まれたのだろう。

四苦八苦

「四苦八苦の末やっと完成できた」などと、ごく普通に使う語だ。「四苦」と「八苦」が何を指すのかと詮索《せんさく》しなくても、とにかく沢山苦労した末のことだということはわかる。「四の五の言うな」とか、「七転八倒」とか、数の入った慣用句は、大体はその数の多いことを言っていると考えれば済むものだが「四苦八苦」には、それぞれ具体的に当てるものがある。

そこで、せっかくだから詳しく知っておこう。「四苦」も「八苦」もともに仏教語だ。人間の生・老・病・死、これを「四苦」と言う。「八苦」はちょっとややこしいが、その四苦に、愛別離苦《あいべつりく》（愛する人と別れる苦しみ）・怨憎会苦《おんぞうえく》（恨み憎んでいるものに会う苦しみ）・求不得苦《ぐふとくく》（求めても思うようには得られない苦しみ）・五陰盛苦《ごおんじょうく》（心身とそれを取り巻く環境すべてに執着する苦しみ）の四つの苦を加え「八苦」としたものだ。なお、最後の「五陰」は普通は「五蘊《ごうん》」と言い、『般若心経《はんにゃしんぎょう》』に「五蘊皆空《かいくう》」と説かれている。

詰《つ》め腹《ばら》を切《き》る

「監督がオーナーの前で詰め腹を切らされる」場面は、プロ野球の世界でよくあったらしい。成績不振の責任を取らされるなどして、辞任に追いやられるわけだ。「詰め腹」の原義を考えれば、そうそう気軽に使える言葉ではない。

「詰め腹」の腹の方から見た方が手っとり早い。つまり「切腹」のことだ。「詰め」は「詰め寄る」の意だから、さあ切腹しなさいと有無を言わさず死に追いやるわけだから残酷な話だ。そんな封建武家社会の風習がまだ現代語に生きているわけだ。つまりは、本人の弁明もなく、全く意志に反することであっても従わざるをえないような権力構造が、プロ野球ならずとも、役所や会社にも残存しているからだろう。

せめて、相手の言い分も聞き、こちらも説得し、といった「詰め論議」なり「詰め問答」なりをした末ならば、平穏ではある。もっとも、そういう経過を経ての辞任については、「詰め腹」とは言わないだろうが。

焼きが回る・焼きが戻る

「いい加減な仕事しやがって、あいつとうとう焼きが回ったな」と言えば、仕事の腕が衰えたこと。「あのじいさんもとうとう焼きが回ったらしい」と言えば、ボケたことになる。いずれにしても品のいい言葉でないから、本人の耳に入ったら怒りだすに違いない。

この場合の「焼き」は刀の刃などを鍛えるために焼いたり冷やしたりすることだ。そのとき火加減を誤って火が回りすぎると、かえって鈍くなるらしく、そこから、腕前や頭のはたらきが衰えることを言うようになった。

程よく焼くことが必要で、「あんまりだらしないから焼きを入れてやろう」などというときも、焼きが回るほどにしては逆効果ということか。もっと激しくなって、「新入りに焼きを入れてやる」と、意味もなくいじめたりリンチに及んだりすることは論外である。

せっかく焼きを入れたのに、冷やすこともせずにほおっておくと「焼きが戻る」ことになる。「焼きが回る」とほとんど同じ意味だが、どうやら老人ボケの方に似合いそうだ。

オシャカになる・オシャカにする

「すっころんで自転車をオシャカにしちゃった」などと、機械や道具について言うことが多いものの、「せっかくの機会がオシャカになった」などとも言う。

さて、この言葉にはおもしろい語源説がある。まず、鋳物や溶接の工場で、火を強くしすぎて失敗して、製品をダメにしたときに使った隠語だとする説がある。「火が強かった」を「四月八日（しがつようか）」と聞き替えて、その四月八日はお釈迦《しゃか》様の誕生日だから「オシャカになった」としゃれたという、大阪の棋垣実《うめがきみのる》さんの説だ。

次は、お地蔵さんを鋳《い》ようとして誤ってお釈迦様の像を鋳てしまったところからとする、東京の暉峻康隆《てるおかやすたか》さんの説。この二つは東西知恵くらべみたいだが、東西で別々に言い出したとも考えにくいので痛み分けとしておいて、もう一説。死ぬことから転じて物事がダメになることをいう俗語「お陀仏《だぶつ》」から「お釈迦」に転じたとするものである。たしかに阿《あ》弥陀《みだ》様からお釈迦様には直結するにはするが、どうだろうか。

たたらを踏む・地団駄《じだんだ》を踏む

「たたらを踏む」は、現代生活の中からは消えかけている表現だ。「勢い余ってたたらを踏んでしまった」くらいしか思いつかない。思いを寄せている女性に、ダイヤの指輪を買ってあげたところが警戒を強められてしまった、こんなとき「彼はたたらを踏んだ」と言えるだろう、などと取ってつけたような例なら考えられるとしても、しっくりとはしない。「ふいご（鞴）」ならまだ記憶にある人も多いが、「たたら（蹈鞴）」自体が死語だ。「たたら」は、「ふいご」を大型にした装置だ。「たたらを踏む」に、「的がはずれて、あるいは勢い余って、から足を踏むこと」と説明を加える辞書もあるが、どうもはっきりしない。「たたら」で踏む相手は空気だから、手ごたえ、いや足ごたえの軽いことを説明したものかとも思うが、「たたら」はそう楽に踏めそうにない。大の男が何人かで、踏んでいる図がある。むしろ「地団駄《じだんだ》を踏む」様子を思い出させるものがある。それもそのはず、「地団駄」のもとは「地蹈鞴《じたたら》」だから、全く同じ言葉だったのだ。

お茶にする・茶々を入れる・お茶目・茶かす

茶は古く中国から伝来した。抹茶にしろ煎茶にしろ、いろいろな工夫をして日常喫する習慣が広く根づいた。このなじみ深いお茶ゆえに、さまざまな表現に登場するようになっていく。

「（お）茶にする」は当然文字通りの意味もあるが、軽く扱ったり、バカにしたりする意味でも使う。ごくあたりまえに言う「茶を入れる」も、「茶々を入れる」となると、回りの者が邪魔をしたり、ひやかしたりすることになる。

「お茶目」のもとは「茶目」だからといって、なぜ茶色の目からこんな意味になったのかと考え出すと迷路に入ってしまう。もとは「茶めかす」で、おどけたり、ふざけたりすることをいう動詞から出たと見てよさそうだ。接尾語「めかす」がない単独の「茶」自体が、そういう意味の形容動詞で使われていた。「茶かす」の「かす」はよくわからないが「茶化す」は単なる当て字だ。「茶」の広がりはまだまだある。

ちょろまかす

「お釣りをちょろまかす」子供はかわいいものだが、「公金をちょろまかす」ような大人になっては困りものだ。裏金や裏献金で帳簿を操作して社会をあざむくお偉いさんや政治家はもっと始末が悪い。

「ちょろめかす」の変化した語だとする説がある。「ちょろ＋めかす」で「ちょろ」は「ちょろちょろ」と同じ擬態語でわずかの意、「めかす」は「ほのめかす」の「めかす」と見れば納得できる。しかし、「ちょろめかす」の実例が見当たらないので疑問は残る。

「ちょろまかす」には、相手をごまかしたり、言いまぎらわしたりする意味もある。「親をちょろまかすなんてちょろいもんだ」、と例文を考えついたところで、「ちょろい」が気になった。これも、中身がほとんどなくて、取るに足りないの意から、見えすいている、たいしたことない、容易である等々と、その意味を並べあげてみると「ちょろまかす」の仲間と思えてくる。

おざなり・なおざり

「あんなおざなりな謝り方をされちゃ、かえって腹が立つ」などと使う。通り一遍で、うわべだけの感じをとがめて言う語だ。

「おざ」は「御座」で、御座敷のことだ。「なり」は「山なり」「道なり」などの「なり」で、その形のままといった意味の語だ。そこで、「御座なり」は、御座敷の格や雰囲気そのままにといった意味あいで、それに合わせることだ。その場限りの、もっぱらいい加減なことに言う。

音が似かよっている「なおざり」があり、同語源とされかねない。しかし、「おざなり」がお座敷やお座敷芸の始まる江戸時代以降の語であるのに対し、こちらは『源氏物語』の時代からある語で格は上だ。しかも、表面的ではなく、心や気持ちに深くかかわる。さして心にとめない、本気でない意で「等閑」と当てることが多かった。今日でも、「親しい仲であってても礼儀をなおざりにしてはいけない」などと使う。

けだし

この言葉は女性にはあまり似つかわしくない。女性差別のようなことを言うことになって叱られそうだが、「けだし」は後に出てくる「なかんずく」や「あまつさえ」などと同様に、漢文読み下しの中で使われた伝統が尾を引いているからだと言いたかっただけだ。

さらには、文語調でないとそぐわない。「けだし名言と言うべきだ」「けだし名文なり」などはぴったりだが、「明日の運動会は晴れるだろうさ。けだし、お前はかけっこで一等賞をとるかなとおばあちゃんが言った」などと長ったらしい文言の中で使われたら、さっぱりわからない。

「けだし」は、もともと肯定的な文脈で使われたもので、多くは、ほぼ確かなことを推定したり、判定したりするのに使う。だから積極的に推量や疑問などを表す文末語は来にくいものだ。もとの漢字は「蓋」または「盖」である。漢語「蓋然性《がいぜんせい》」を思い出してもらうと、理解の助けになるかもしれない。

いみじくも

「彼の論はいみじくも本質を突いている」「あの評価は、いみじくも的を射たものだった」などと使う。この言葉は文語形容詞「いみじ」の連用形に「も」がついて、副詞的に使われるようになった。「いみじ」とは、良くも悪くも、程度がはなはだしいことを意味している。簡単に言えば、とってもすごい、といったところだ。

その良い方の意味を引き連れて「いみじくも」となって、ものごとを肯定的に強調する役目を担っている。まことにうまい具合にとか、適切にも、ということである。

「いみじくも言ってくれたものだ」と他人の行動について言うのはいいが、「私がいみじくも申し上げた通り」などと自分のことに言うのは適切ではない。少なくとも威張って聞こえてしまう。

また、良いことに言うのだから、「彼はいみじくも失敗した」なども不適切な用法と言うべきだろう。こういう古風な言い方は、余程心して使わないと恥をかくことになる。

なかんずく・あまつさえ

あれこれ挙げて、その中でも、その一部のことや一つのことを格別に取り立てるときに使う。「日本の古典文学、なかんずく平安朝の物語が好きだ」などと使う。日常の会話では、そぐわないこともある。妙に気どって聞こえてしまうかもしれない。特に、女性の言葉づかいの中には入りにくいように思う。

元来は「なかんづく」で、「中に就く」が音変化した語だ。「就中」と表記されることが多い。返り点を入れて、「就㆑中」とすればわかるように、もと漢文訓読の言葉だ。女性になじまないのは、そのことから来ているようだ。現代かなづかいで「なかんずく」となった。

「あまつさえ」も硬い言葉で、女性には似合わないかもしれない。これも漢文の「剰」を訓読した「あまりさへ」から出た語だ。音便形「あまっさえ」で多く使われるようになり、その促音表記を誤解して「あまつさえ」ともなった。さらにその上、あろうことか、といった意で使われる。「謝罪の言葉もなく、あまつさえにらみ返してきた」などと。

第五章　うまいこと言うねぇ！

文語文の中には共通のモラルが流れている。それは芝居や講談落語にも流れているのと同じもので、それを私たちは失ったのである。

——山本夏彦《やまもとなつひこ》『完本　文語文』より

大向こうをうならす

「大向こう」は芝居小屋で、舞台から見て正面ずっと後方のことだ。そこには、立ち見席や一幕見の観覧席があるのが常だった。そして、通と言われるような人は、好んでその席にいた。料金の安い席であるから、一般大衆が陣取るところでもあった。時にひいきの役者に声をかけたり、下手な役者をなじったりするのも、ここにいる人たちだ。

そこで、「大向こうをうならす」ということは、そういう「大向こう」にいる人々を「うならせる」、つまりは感嘆の声をあげさせることだ。芝居ばかりでなく、あらゆる演芸についても言えるし、文学作品などについて言ってもよい。大衆文学にはよく似合うが、純文学について言うとなると、相手は口うるさい批評家連ということになろう。

今日使うとやや大げさで、わざとハッタリをきかせるような演技や作品を見せつづけると、「大向こうをねらってばかりいる」と非難される。そういう役者や作者のことを「大向こうねらい」と称することもある。

細工は流々《りゅうりゅう》

「細工は流々、仕上げをごろうじろ」が、決まり文句のように使われる。「細工」は家具、調度を作ることであるが、ここでは手細工に限らず、何によらず工夫をこらす、あらゆることに通じて使われる。「流々」は流派、流儀はそれぞれであるという意味から、何につけてもやり方、方法はいろいろあるということになる。そこで、「仕事のやり方はいろいろあるってもんだから、途中であれこれ言わないで、出来上がり具合を見ておくれ」といったところだ。自分の技量についての自信のほどを示す。

「ごろうじろ」は「ご覧じろ」でもいいし、後半を「……仕上げをお楽しみに」と変えてもいい。大人が子供に何かをこしらえてやるときに、よく使う。一般に、事を始めるとき、見守る面々に向かって得意満面、胸を張って言う。

ところで、この「細工」は、人目をあざむくために工夫をこらすことにも言うので、「帳簿に細工」をした上で「細工は流々」などと、うそぶく悪もありうるので御用心を。

流れに棹《さお》さす

「せっかく動きだした活動の流れに棹さす奴がいる」は、多分その使い方を間違えているだろう。つまり、それに反対したり抵抗したりする力や勢力について言うものではなく、その逆で、それに手をさしのべて加勢することに言う。転用例だが、漱石の『草枕』に見える、「智に働けば角が立つ。情に棹させば流される」が有名だ。川下りなどでの、船頭さんの棹さばきを思い浮かべればよくわかる。流れ方向に勢いをつけることだ。

これが、「水をさす」などと混同されてか、逆に理解している人が多いらしい。文化庁の調査では、正しく理解している人はわずかに12%で、誤解している人が63%もあるそうだ。まさに忘れられかけている言葉だ。細かい数字を出したついでに、詳しく紹介して参考に供しよう。添えられた例文は、「その発言は流れに棹さすものだ」——正解が「傾向に乗ってである事柄の勢いを増すような行為をすること」で、「傾向に逆らってある事柄の勢いを失わせるような行為をすること」が誤解の例だった。平成十四年十一月の調査だ。

気が置けない

「気が置けない」も、間違って使われることの多い慣用句らしい。前項で紹介した文化庁の調査によると、「流れに棹さす」のように正誤逆転までには行っていないようだが、かなりあやしくなっているらしい。

「相手に対して気配りや遠慮をしなくてもよいこと」を正解とし、「相手に対して気配りや遠慮をしなくてはならないこと」を誤解例としたもので、調査結果は、正解44％、誤解40％と、ほぼ拮抗《きっこう》していたという。

正しくは、気がねも遠慮もしなくていい、という意味だから、「集まったのはみんな気の置けない仲間だから、大いに飲んで大いに語ろう」などと使うのが適例だろう。

そもそも、「気を置く」が、相手を気づかう、相手に遠慮する、という意味だ。それが「気が置ける」となって、打ちとけられない、遠慮される、の意となる。さらに、打ち消しを伴って転じたものが「気が置けない」だ。人づきあいの中でうまく使ってみたいものだ。

敷居《しきい》が高い

近年の使われ方としては、「あのレストランは高級だから、我々にはちょっと敷居が高いよ」といったところかもしれない。

しかし、本来は、この使い方は間違いだろう。「敷居が高い」とは、不義理をしているために、あるいは面目ない事情があるために、もともとつきあいがあったことのある家に行きにくいことを言ったのだ。

だから、「借金があって敷居が高い」とか、「すっかりご無沙汰してしまっているから、敷居が高いんだ」という使い方が合っている。

冒頭のような使われ方、すなわち、「高級すぎる」とか「自分の身に合わない」という意味が加わったとすれば、それは、義理人情や面目よりも、見てくれや形式にばかり気をとられることが増えてしまった結果かもしれない。敷居自体もあまり意識されなくなり、バリアフリーにするなど、ただでも高い敷居は敬遠される時代だ。

進退谷《しんたいきわ》まる

「むずかしい交渉で進退谷まってしまった」とか、「先発隊は、砂漠の真ん中で進退谷まった」などと使う。意味としては、前に進むことも、退くこともできず、いかんともしがたい状態に陥っていることだ。

この言葉は、孔子が編纂したと言われる『詩経《しきょう》』の文言から来たものである。もとは「進退これ谷まる」、原文で書けば「進退維谷」だ。

問題は、この場合の「きわまる」という言葉の漢字である。「極まる」でも「際まる」でも「窮まる」でもその意味は通じるものだが、原文を尊重して「谷まる」と書くことになっている。

「谷」を「きわまる」と読ませるのは、谷にはまりこんだ様子からわかるような気もするが、ほとんどこの慣用句のためだけに使われている。ふざけて「進退タニまっちゃった」と言うこともあるが、大まじめに「たにまる」と読んでは笑われる。

元の木阿弥《もくあみ》

「そんなことしちゃ、元の木阿弥だ」「いつの間にか元の木阿弥になってしまった」と例を挙げるまでもないほどに、知られた通りの意味で使われる。語源について、この木阿弥は何かと普通の言葉で考えると、迷い込んでしまう。人名にちなむからだ。

さて、その人名には諸説あり、代表的な一人を挙げると次のようになる。戦国時代の武将筒井順慶《つついじゅんけい》にまつわる人である。大和郡山《こおりやま》の城主、筒井順昭《じゅんしょう》が病死したとき、その子息順慶はわずか一歳だった。そこで順昭は自分の死は息子が成長するまでは隠しておくようにと遺言した。そこで呼び出されたのが木阿弥という僧侶。この僧はたまたま順昭と声が似ていたため、順昭の代わりに寝たまま声だけで、順昭が生きているように演じた。そして、順慶が成長するや順昭の死が公表され、その結果、元の僧木阿弥にもどったというわけだ。

ちなみに「阿弥」は浄土教の時宗《じしゅう》などの僧が名につける称号。「木阿弥」は「木」という名の僧だ。能の「観阿弥」「世阿弥」も「河竹黙阿弥」も浄土系の人たちだろう。

お門《かど》違い

「先生を恨むなんてお門違いもはなはだしい」と言えば、恨む相手が違うよ、ということで、たいていは本人のせいなのだ。悪い結果を前にすると、とかく恨む相手を探したくなるものだ。その相手のことを、やんわりと「お門」と言うわけだ。人そのものを婉曲に、その人の家の門にたとえる手法で、近ごろ言う「お宅」と同様だ。だからといって、「そりゃ、人違いというもんだ」とは言えるものではない。

けんか別れをしたような相手が、今度は物を頼まざるをえなくなって、そこをなんとかとしつっこく言ってくるときには、「なにを今更、お門違いというものだよ」と、やんわりことわるのがよい。

なお、「犯人はてっきりあいつだと思ったのにお門違いだった」などと言うのには、違和感がある。多分「お門」の「お」のなせるところだろう。「見込み違い」とか「見当違い」と言うべきところだろう。この「見当違い」の方は「お門違い」に代わりうる。

おくびにも出さない・素振りにも見せない

「彼に気があるなんて、おくびにも出さなかったのよ」と言えば、彼のことが好きだなんてことを、周りの人々に少しもにおわせなかったという意味だ。

「おくび」は、げっぷやあくびのこと。「曖」「曖気」と書くこともあるが、かえってわからなくなる。字義は吐く息のことで「上気」と当てた方がわかりやすい。ともかく、口から体外へ出すものだが、これらは静かにそっと出すのが尋常だ。そこで、ちょっとした言葉でも言わないし、少しのそぶりも見せない、という意味につながる。

口から出すものにたとえるのだから、「おくびにも出さない」のは、言葉や話が似合うわけだが、転じて表情や性格についても言えるので「出す」ではなく「見せる」を使って、「弱みなんかおくびにも見せない男だ」などとも言う。

「素振りにも見せない」も、同じように使う。「好きだなんて、素振りにも見せない」と言えば、ちょっとした表情にも表さないことになる。

こけんにかかわる

自分の体面《たいめん》や面子《めんつ》を損なう危険があるとき、「そんなことをされては、私のこけんにかかわる」などと言う。自分の品位、世間体《せけんてい》にさしさわるというわけだ。

「こけん」は漢字で「沽券」。この見慣れない漢字は、品位、品格を意味するが、もともとは、財産や土地などの売買契約書のことだった。「沽」の字には、売る、という意味があるので、いわば「売り券」だ。転じて「売り値」のことをも言った。

売り証文には当然土地や物の価格が記された。それが、なんと人間に転用されて、人の価値をも言うことになった。人身売買の証文というわけでなく、あくまでも比喩的なものだから、人格・品格などの評価となり、ひいては体面、世間に対する面目を言う。

単なる「プライド」ではなく、「メンツ」の方が近いかもしれない。しかし、「メンツ」は、立てたり失ったりするが、「沽券」は立てることも失うこともない。「沽券」は平たく言えば、人の値打ちのことだ。

片腹《かたはら》痛い

「現場の状況も知らないくせに偉そうに言われちゃ片腹痛いというもんだ」「この程度の文章を書いてエッセイストを名乗るなんてなんとも片腹痛いね」などと、その言動や態度があまりにも身の程知らずで、見苦しい、滑稽《こっけい》だ、笑っちゃうといった意味で使う。

元来は「かたわらいたし（傍痛）」だった。はたから見ていて気がもめたり、苦々しく思ったりするさまを言った。その意味が転じて、滑稽だとか、苦々しく思うとか、笑止《しょうし》千万《せんばん》だとなった。

元の形は、歴史的かなづかいで「かたはらいたし」だ。こういう「は」は、「あはれ↓あわれ」などと同様、実際には「かたわらいたし」と発音したものだ。しかし、その意味から「片腹」のイメージが表立って、実際にもそう書かれたことから、「かたはらいたし」そのままの発音で今日に至ったのだ。語源意識は薄れて、「かたわらいたい」と言う人も少なく、ごく普通に「片腹痛い」と書く。

木で鼻をくったように・そっけなく

「木で鼻をこくる」の「こくる」が「くくる」に変わった。「こくる」はこするという意味だが、木で鼻をこするなんて何の意味もない。「くくる」にしても妙な話だが、そこから、そっけなく冷淡な様子を思い描いたのだろう。それでも、しっくりこないからというわけで、「木で鼻をかむ」「拍子木で鼻をかむ」という表現も生まれたらしい。

「まるで木で鼻をくったように、ことわられてしまった」と、相手に思いやりや愛想がないことを非難する気分で使う。「木で鼻をくったような……」には「返事」や「挨拶」が続くことが多い。「木で鼻をかんだような……」でもよいのだが、直接的すぎる。

「なんともそっけなく」の「そっけない」に近いわけだ。「そっけ」のもとは「すげ（素気）」だ。素のままの飾り気のない気持ちと、一応は理解できても、「ない」で迷わされる。実は、この「なし（ない）」は、打ち消しの「ない」ではなく、「切なし（ない）」などと同じもので、強めの接尾語だ。「すげない」が「そっけない」に変化した。

にべもない

「さんざん待たされたあげく、にべもない返事が返ってきた」「彼女を映画にさそったら、にべもなく断られた」などと使う。そっけない、愛想《あいそ》も愛嬌《あいきょう》もないといった意味だ。

「にべ」は「にべにかわ」のことで、漢字で「鮸膠・鰾膠」と書く。ニベという魚の浮き袋を原料としたにかわのことで、非常に強い、ねっとりした素材で、接着剤や絵の具の原料に使われたものだ。その「にべ」が「ない」のだから、まったくくっつかない、とりつくしまもない、ということになる。転じて、思いやりがないとか、前述したような意味で使われるようになった。

あまり聞かなくなったが、上手に使うと、角が立たなくてよいだろう。「にべない」という形容詞もあり、「にべない態度」「にべない返事」などは今でも使われる。

「にべも艶《つや》もない」とか、「にべもしゃしゃりもない」とかいった、しゃれた表現はもう耳にしなくなったように思う。

油をしぼる・油を売る

「こってり油をしぼられちゃった」とよく使う。油をしぼった人は、親であり先生であり、先輩でありという具合で、上の人が下の者を叱ったり、強くたしなめたり、お説教をしたりすることを言う。

昔は、ゴマや椿の実などを、しめ木にかけて油をしぼり出した。その油をしぼる様子、しめ具合から浮かんで、「こってり」とか「ぎゅうぎゅう」とかを冠して使うのが似合う慣用句となったものだ。

「油を売る」の方は、「油ばっかり売っていないで、ちゃんと仕事をやれ」と気合をかけるときなどに使う。昔はお店というものが発達していなかったから、油も売り歩く人がいた。この場合、婦人用の髪油で、それを売っては話し込んでいく油売りの様子から浮かんだ慣用句だ。もっとも、油のはかり売りでは、その雫《しずく》の切れるまで時間がかかったから、そうならざるをえなかったのだという同情説もある。

大目玉を食う・お目玉を頂戴する

「大目玉」は文字通り大きな目玉のこと。「大目玉を食う」は、怒って大きくむき出した目を向けられることだ。「食う」より「食らう」の方がぴったりするのは、受け身の意味に使われることが多いからだ。もちろん「大」がつかなくても、「お目玉」でも十分意味は通じるわけで、「お目玉を食う」とも言う。

時には「お目玉をもらう」とも言うが、実はこっちの方が古い表現らしい。単に「目玉（を）もらう」とも言ったらしい。たいていは、目上の人から「食らう」ことになるので、「お目玉」と「お」をつけた気分はよくわかる。それが、さらにていねいになると「お目玉を頂戴する」となる。

「大目玉を食らわして」得意がることの好きな上司などは「目の上のたんこぶ」にもならず、やがて無視されることになる。「目の上のたんこぶ」は、言うまでもなく、目の上にできたたんこぶで、何を見るにつけ邪魔になるということである。

岡目八目《おかめはちもく》

「おかぼれ・おかっぽれ（岡惚）」や「おかやき（岡焼）」を思い出してもらうと話が早い。これらは、人の女房や恋人に、ひそかにほれてしまうことや、仲のいい男女を見て、やきもちを焼いてしまうことだ。意味するところから「傍」と当てた方がいいのだが、なぜか「岡」を当てることの方が多い。中でも、江戸で吉原以外の私娼街をいう「おかばしょ」は「岡場所」でなくてはならない。

前置きが長くなってしまったが、これで「岡目」の意味をわかってもらえただろう。つまり、はたで見る目のことだ。そして「八目」だが、これは囲碁で盤上の目のことについていい、八目先までは読むとするか、八目分は多く獲得するとするかで意見が分かれるところ。どっちにしても、碁をさす当事者よりは、はたで見ている観戦者の方が、ずっと先の手まで読めるということだ。縁台碁など素人の対局では八目先まで読むことなどありえないから、後者に軍配を挙げておくことにしよう。

しゃっちょこばる

これはもう、名古屋城の大屋根の両側に対峙《たいじ》する「しゃちほこ」を見てもらえば一目瞭然《りょうぜん》だ。あれが「しゃっちょこたち」の姿で、龍のようないかめしい頭で大きく口を開いて、こわそうに歯をむき出しにしている。胴は短いが、尾ひれが扇《おうぎ》のように威勢よく広がっている。

魚のシャチにヒントを得たのだろうが、いかにも勇猛な想像上の動物だ。シャチ、しゃちほこ、どちらも「鯱」の字を当てるので、虎のイメージもあるのだろう。「しゃっちょこばる」は、いかにも威厳をつくって威張って見せることだ。転じて、姿勢を正したり体をこわばらせたりすることにも言う。ところで、困ったことには「さし＋こわる」の形の方が古いという説がある。「さし」は強めの接頭語、「こわる」は「こわばる」ことだ。そうなると、「しゃちこばる」の方がもとの形で、鯱に見たてたのはのちの話になってしまう。この語には多くの変化形があり、ここでは始末がつかない。

てんてこまい・二の舞

「てんてこまい」は、太鼓の音「てんてこ」に合わせて「舞う」ことだ。そこから、あわただしく立ち回るさまを言う。「てんてこまいの忙しさ」は常用句だが、たしか笠置《かさぎ》シヅ子さんが、買い物の忙しさを『買い物ブギ』で歌っていたように思う。お祭りのあわただしさにもぴったりだと思って、美空ひばりさんの『お祭りマンボ』も思い出したものの、こちらには出てこないようだ。「てんてこまい」はマンボよりブギの方が似合うのか。

いささか古い話になってしまったので、次の「二の舞」に移ろう。と言っても、これは、一、二、三……と数えて二番目の舞ということではないらしい。同じ雅楽《ががく》の舞の中での後半の舞のことのようだ。安摩《あま》の面《おもて》と呼ばれる、幾何学模様のような大きな顔を描いた面《めん》で舞う舞があって、それに応答して舞う後半に当たる舞のことだ。老爺《ろうや》と老婆《ろうば》が滑稽なしぐさで、失敗を模して舞うものらしい。そこで、「二の舞を踏む」で、前の人と同じ失敗をすることに言う。

片《かた》肌脱ぐ・両《もろ》肌脱ぐ

これは和服の世界の話で、男の着物姿の変身ぶりのことだ。衿《えり》をはずして肌を出し、すぱっと片方の腕を出すことが「片肌脱ぐ」だ。そのとき威勢よく素早く出すことが必要で、しかも、先のことを考えると利《き》き手の方だろう。

これで力仕事に臨む態勢が整うわけだ。その態勢で他人の手助けをすることにもなる。また、この片腕を貸してあげましょうという心意気を示すのも「片肌を脱ぐ」だ。「ここはひとつ、あっしが片肌脱いであげやしょう」などと使う。

片腕だけじゃ足りないからといって、両腕を貸すことになれば「両肌脱いであげやしょう」などとなりそうだが、そうはいかない。「両肌脱ぐ」は「諸肌脱ぐ」とも書き、上半身裸になることで、格別な意味は加わらない。あえて言えば、何によらず力いっぱい勢を出す姿である。「両肌脱いでバチを握る」姿はよく目にする。困っている人を前にしては、もっぱら「片肌脱いで」臨むのがよい。

褄《つま》を取る・左褄を取る・切妻造《きりづまつくり》

和服の知識もおぼろげになったので、「褄」を知らない人は多い。えり（衿・襟）の下に続くおくみ（衽）の、主に下の方をさして「褄」と呼んだ。なにやらかえってややこしい説明となってしまったが、要するに、長い着物の端のことだ。

裾を引きずるような長い着物を着て歩くには、この褄を持ち上げなければならない。「持ち上げる」では味気ないので、そのことを「褄を取る」と称する。

そして、そういう、引きずるような長い着物を着るのは芸者さんなどに決まっている。だから、「褄を取る」で、芸者さんになることを言うようになった。左の褄を持ち上げるのが普通だから「左褄を取る」と言うことの方が多かった。

「つま」について蘊蓄《うんちく》を加えれば、もともとは「はし（端）」の意で、もののはじやへりの部分を言った。建物で言えば側面や軒端《のきは》で、側面の屋根を切って開いたのが「切妻造《きりづまつくり》」だ。ここで「妻」の字が当てられ、着物の「つま」は衣偏がついて「褄」、国字だ。

轡《くつわ》を並べる

馬の手綱《たづな》の先につけた金具が「轡」で、それを馬がくわえている。そういう状態の轡が並んでいるわけだ。「十騎が轡を並べて駆け抜けていく」などというのが本来的な用法だが、転じていろいろに使われる。

人について「轡を並べて競い合う」とか、「轡を並べて不合格になってしまった」とか使う。そのほか、「打ち上げられたイルカが轡を並べている」でも「大波が轡を並べてやってくる」でもよいかもしれない。「轡をそろえる」とも言う。なお、「轡」は「口輪《くちわ》」から転じた語だが、そのように書く慣用はない。

余談になるが、轡は金属でできているため、手にするとガチャガチャと音がする。その音のように鳴くところから、「クツワムシ」の名がある。清少納言は『枕草子』で、クツワムシの声を聞きたくもない声として挙げているが、唱歌『虫のこえ』は、そんな差別はせずに、松虫から数え上げる虫の仲間の中にちゃんと入れている。

毒気に当てられる・毒気を抜かれる

「毒気」は文字通り毒のある気で、人に害を与えるものなら何でもいい。しかし、「気」だから、そうはっきりしたものでなく、あやしげなものである。今風ではオーラか。

まず「毒気に当てられる」は、とんでもないこと、思いもよらない言葉や話に接したときに、そういう気分になる。人前をはばからない大げさな態度を前にしたり、大ボラを聞いたりすると、「毒気に当てられる」ことになる。

「毒気を抜かれる」は、こちらが含んでいた毒気が抜かれることだが、この場合の毒気は、構えたり、きおいたったりする程度のことで、それがそがれて、呆然とさせられるときに使う。「ど肝を抜かれる」よりは症状は軽い。

「毒気」と漢字で通してきたが、普通に読めば「どくき」となる。しかし、この手の言葉は促音化して、「どっき」「どっけ」と語気を強めて言うことが多い。現今では、「どっけ」が一般的である。

おこわにかける・ペテンにかける

まったく消えてしまった表現だから、現代風の例文なんて、思いもつかない。「おこわ」が生きているからか、こんなところに顔を出してくる。

「親子でおこわにかけやがった」「あれがおれをおこわにかけた女だ」などと、仮に無理して作例してみると、この慣用句の素性が少しは見えてくる。要は人をだますことだが、どうもその手口がえげつなかったり、卑怯《ひきょう》だったりするらしい。しかも、男と女のだまし合いの影も見え隠れする。

それもそのはず、赤飯の「おこわ（御強）」に、「おお、こわ（怖）」をかけたものだという。だから、美人局《つつもたせ》をはたらく男女などにすぐ結びつく。「おこわにかかったら百年目」、下手な色気を出すものではない。

今日風では「ペテンにかける」が普通だろう。「ペテン」は中国語からとされるが、はっきりしない。「まんまとペテンにかけられちゃった」などと使う。

ミソをつける

「最後のところでミソつけちゃった」とか、「せっかくの優勝にミソをつけられた」とか使う。失敗したり、面目を失ったりする意味だ。ミソは言うまでもなく調味料の味噌だが、一般的には、その味噌にこだわって漢字で書くよりはカタカナの方がしっくりする。

「そこがミソでね」と自慢するのは、特に力を注いだり趣向をこらしたりした点について言う。妙に趣向をこらしすぎると、かえってしくじることもあって、失敗や欠点についてもミソを使う。「せっかくの作品にミソがついた」とか、「そんなことでミソをつけられちゃたまらんよ」とか言う。

「ミソを塗る」とも言ったらしく、名誉や体面をけがすことについては、「わしの顔にミソを塗る気か」などと今日でも言う。ドロでもいいが、漢字の「味噌」も似合う。さらに品が下がるが、「味噌も糞も一緒に論じないでもらいたい」などと使う。これも漢字の方が実感が湧く。得意と失敗、面目と不面目、両様に活躍するのが「ミソ」のようである。

シャッポを脱ぐ

シャッポという外来語を知っているからといって、帽子を脱ぐことだろう、と言ってしまっては身も蓋《ふた》もない。対する相手を前にして帽子を脱ぐのは、単なる挨拶《あいさつ》のときばかりではない。ごめんなさいと謝る場合もあれば、降参しましたと深々とおじぎをする場合もある。「あなたの献身《けんしん》ぶりにはシャッポを脱ぎます」と、心から敬服するときも、「君のしつこさにはシャッポを脱ぐよ」と、あきれ返るときにも使う。

大げさに考えると侍同士が対峙《たいじ》して、一方が兜《かぶと》を脱いで降参する「兜を脱ぐ」から転じたということにもなるが、単純に「その腕前には脱帽だ」の「脱帽」という漢語に結びつけておくので十分だろう。

「あなたの献身ぶりには脱帽します」と言うところを、短く「献身ぶりには脱帽だ」と言うこともある。それと同じように「こりゃシャッポだ」とか、「シャッポシャッポ」とも言う。単純な言い方の方が、参ったといったニュアンスが強くなるかもしれない。

引導《いんどう》を渡す

お坊さんに引導を渡された死者の霊は、静かに往生できることになっている。「上司から引導を渡された」社員は、路頭に迷いかねない。

「引導を渡す」とは、迷える人間に仏法を説き、仏門に導くことを言う。「衆生を引導する」ことだ。死んだ人には「死後の引導が渡され」、大方は迷うこともなく、極楽浄土へ導かれることになる。

仏道の世界では、もっぱらお坊さんの役目だが、俗世にあっては、上役やお偉いさんの役目だ。「お前の実力じゃ東大は無理だと引導を渡す」のは高校の先生だろう。「もう明日から来なくてよい」と切り出す課長さんは、「クビだと引導を渡し」ているわけだ。

しかし、なぜか、女性が引導を渡されるケースは少ないように思う。仏教の女人軽視が尾を引いているわけでもあるまい。か弱き女性は、引導を渡されるような不始末はあまりしないからだろうか。

おクラになる

「あの台本はおクラになったよ」と言えば、せっかく出来上がった台本が日の目を見ずに葬り去られたことを意味している。「あの映画はおクラになった」とか、「あの企画はおクラになった」などと、多くは芸能関係の話の中で使う。

語源にはいくつか説があるが、その一つは台本なり映画なり企画なりが、蔵の中にしまい込まれてしまったという意味からだとするもの。単に「蔵にする」とも、「お蔵にする」とも言うし、「お蔵入り」とも言うのでこれがよいかもしれない。

別の説に、「楽日《らくび》」を言う「ラク」から来ているとするものがある。公演最終日が「ラク」だが、そこに至ることもなく、興行中止となったことを、正常でないからというわけで、ひっくり返して「クラ」と称したとするものだ。いかにも、芸能世界の隠語にありがちなものだが、考えすぎかもしれない。さらにうがって、「お蔵」は質屋だとする考え方もあるものの、はたして、台本や企画が質草になるものだろうか。

お先棒《さきぼう》を担《かつ》ぐ・片棒を担ぐ

「お先棒を担ぐ」も「片棒を担ぐ」も「駕籠《かご》」や「駕籠かき」を思い出してもらわないと説明がつかない。「駕籠」は「籠」そのものから出た語だが、人を乗せる籠や箱状のものに長柄を通して、前と後ろで二人が担いで運ぶものだ。これを担ぐのが「駕籠かき」で、前を先棒、後ろを後棒と称した。

先棒の方が行くべき道を知らされ、そこを目ざして行く。そのことから「お先棒を担ぐ」という表現が生まれた。「お」をつけたことによって、いかにも軽々しく人の言いなりになって動く感じが出る。「よせばいいのに、あんな奴のお先棒を担いで」などと使う。

「片棒を担ぐ」は、先棒でも後棒でも、とにかくその一方を担ぐことから、事に加わって協力することになる。たいていは、よからぬ事に手を出すことだから、「悪事に荷担する」場合などに使うとぴったりだ。「何だかんだと言い訳を言っても、片棒を担いでしまったことには変わりはない」などと使う。

おつ（乙）

「おつに」構えたり「おつな」ことを口にしたりする人は、すっかりお目にかからなくなった。誰もかれもが平均的になってしまったからだろう。「おつ」とは、普通と違って、しゃれていたり、情趣に富んでいたりすることだ。甲乙の「乙」が転じて形容動詞として使われる。

古い音調で、「甲」はかん高い（漢字では「甲高い」と書く）音調を言って、「乙」は一段と低いが、それだけにしんみりとしたり、しゃれていたりする音調のことを言った。このことから、形容動詞「おつ」が生まれ、江戸以降大いに使われた。

「おつな贈り物」「おつな味」などは普通に使われるが、「そいつはおつだね」などと褒めるのは、あまり若い人には似合わない。それに、ちょっと意表を突くようなものでないと釣り合わない。語源が忘れられて、漢字「乙」を当てることはまれになった。

江戸っ子は「おつう済ましてやがる」などと、延ばして言ったそうだ。

うがった

「あなたは、なかなかうがったことを言う」とか、「誰にも真似できないような、うがった見方をする」などと使う。

「うがつ」とは、「穿つ」と書き、孔《あな》をあけること、突き抜くことなどの意味。つまり、簡単には見つからないような点に目を向ける、指摘する、ということだ。

だから、「うがった」は、意見、考え、見方、発言などについて、それが特異であること、思いもかけないものであることを言う。一応評価する言葉ではあるが、あまりにもユニークすぎてしまうと、「あれで、うがったことを言ったつもりだろうが……」とか、「それはうがちすぎだよ」とか、たしなめられることになる。

また、「これはうがった意見だと思うのですが」などと、自分の言動について使うのはおかしい。しかし、これとて「ややうがちすぎかとは思うのですが」と謙遜《けんそん》して言うのならば、素直に受けとめられるだろう。

矢継ぎ早・二の矢が継げない・矢も盾もたまらず

弓矢の時代はもはや遠い昔のこととなったが、矢を使った慣用句は根強く残っている。「矢継ぎ早にものを言う」は、矢を続けざまにつがえて射る早技から来ている。矢継ぎ早の催促を「矢の催促」とも言う。「光陰矢の如し」は、時の流れの早さを矢の飛んでいく速さにたとえたことわざだ。

一の矢に続いて二の矢を放とうとしてうまくいかないと「二の矢が継げない」というわけで、事を始めたものの、あとがうまく続かないことに言う。

「矢も盾もたまらず」は、矢で攻めることも盾で守ることもままならないような状況で、その場の勢いを制したり、我慢して居続けたりすることができないことを言う。「矢も盾もたまらず」逃げ出したり飛び出したりする。

「矢でも鉄砲でも持って来い」と開き直ってしまった人は、そっとしておいて、近づかない方がいい。

第六章　忘れてたけど言っていた！

言語はこれを話す人民に取りては、恰《あたか》も其血液が肉体上の同胞《どうほう》を示すが如く、（略）日本語は日本人の精神的血液なりといひつべし。

——上田万年《うえだかずとし》『国語のため』より

小股《こまた》の切れ上がったいい女

「小股」ってどこなんだと考えると迷路にはまり込む。とにかく、すらっとした姿のいい女だろうとしておくのが無難というものだ。そうではあるが、男たちは好んで小股談義を繰り返してきた。和服の女性が減ったことで、下火にはなったが……。

まず、体の部位としては、下腹部の鼠蹊部《そけいぶ》、特に腹に向かって、逆八の字に左右に走る鼠蹊線のことだとするのが代表格だ。

「小」は「小首を傾げる」「小手をかざす」と同様で、ちょっとしたしぐさを表す接頭語だとする説がある。これは有力かもしれないが、疑問は残る。なぜ小股に限って「小股の(が)……」となって動作性を伴わないのだろうか。

作家の井上ひさしさんも、V字型の鼠蹊線説から接頭語説に一旦は傾いたものの、さる所の名器説まで加えた上で、結論を保留された。まことに賢明なことで、どういう状態なのかと想像をたくましくすればするほど、小股談義は深みにはまりこんでしまう。

磯《いそ》の鮑《あわび》の片思い

すでに、若い層では忘れかけている言い回しだろう。言うまでもなく、片思いのことをしゃれて言う言葉だ。ひょっとして、淡い恋心自体が古いのか。

鮑は巻貝だが、二枚貝の片方だけが残っているように見えるので、片思いを連想したものである。「磯の」を加えることによって、そこはかとないさみしさがにじむようだ。

遠く、万葉の時代から歌にもよまれていて、歴史のある表現だ。一首紹介しておこう。

伊勢の海人《あま》の　朝菜夕菜《あさなゆうな》に　潜《かづ》くといふ　鮑《あはび》の貝の片思《かたおもひ》にして

これが読み人知らずであることからも、広く人々に親しまれていた表現であることがわかる。「朝菜夕菜に」は、朝夕のおかずに、という意と、毎朝毎夕という意味がかけられている。うらやましくなるような食生活だが、鮑の貝殻は、縄文貝塚から多く出土している。伊勢神宮の神饌《しんせん》に供され、一般に吉事《きちじ》や贈り物としても好まれたらしい。「熨斗《のし》鮑」は、今でも結納の品として欠かせないものとなっている。

若い燕《つばめ》

年上の女性の愛人になっている、若い男性のことをこう呼んだ。この言葉は、実在の人物の逸話《いつわ》から生まれたらしい。大正から昭和にかけて活躍した女性運動家の平塚らいてうには、彼女より年下の愛人がいた。その男が、らいてうにあてた手紙の中で、自分のことを「若い燕」と表現したという。

日置昌一《ひおきしょういち》さんも『ものしり事典』でそう言っているし、ほかに適当な語源説も見当たらないので、これでいいかと思う。

平塚らいてうは、敗戦後も活躍し、日本婦人団体連合会会長なども務めた。本名は奥村明《はる》。女性運動史の中では、雑誌「青鞜《せいとう》」の発刊の辞で特に知られる。「元始《げんし》、女性は太陽であった」に始まるものであったが、のちに、これを書名とした大冊の著作をも残した。個人生活では、心中未遂事件を起こすような激しい人であったが、「若い燕」に守られたせいもあって、八十を越す長寿を全うした。

お医者様でも草津《くさつ》の湯でも

お医者様にかかっても、万病に効くとされる草津の湯につかっても、なおもなおらない難病は「恋の病い」と相場が決まっている。恋わずらいをしている男なり女なりをつかまえて、ひやかし半分に言うのが一般だ。

ところが、自分のことで使った例もある。樋口一葉の『にごりえ』の主人公お力は新開地の娼婦だが、心にかかる男がある。そこへ何かと気をもんでくれる道楽者が現れて、「お前の持病は癇癪《かんしゃく》か」「い、ゑ」「血の道か」「い、ゑ」などとやりとりが続く。そこへ思いを寄せる男が来たと下座敷の女が伝えにくるのだが、降りても行かずに、そのまま帰っていく男の姿をたしかめた上で、ただ茫然とする。すかさず道楽男に「持病といふのはそれか」と切り込まれて、答えて言う。「まあ、そんな処でござんしせう。お医者様でも草津の湯でも」と、自嘲してさびしく笑う。

「草津の湯でも」に変えて「神様でも」と言うことも、当然あっていい。

据《す》え膳《ぜん》食わぬは男の恥

あんまり品のいい話ではないが、こんなことを思いながら事に及ぶ、ふらちな男も多いようだ。女性の方が積極的になった時代の風潮も手伝っているかもしれない。

「据え膳」とは、すぐに食べられるように調えられた食膳のこと。つまり、女性の「さあどうぞ煮て食べるなりなんなりとお好きなように」と言わんばかりの状態に遭遇したら、男らしくやれというわけだ。「据え膳食わぬは男の内《うち》ではない」などと勝手な言い方もある。さらには、「据え膳と鰒汁《ふくじる》食わぬは男の内にあらず」などと、妙な強がりを言ったのは、一昔も二昔も前の男たちだ。

かつて、情事はあくまでも男性から誘うものだった。そして、たいていは、断られる。それが今や、女性の方からしかけることも多いとあって、ひょっとして、この表現も勢いづいているかもしれない。男女平等が逆転するようなことになると、「据え膳食わぬは女の恥」に変わるかも、ナンチャッテネ。

男子の本懐《ほんかい》・女の道

特に、戦時中によく使われた。見送ってくれる人々を前にして、「お国のために身を捧げるのは、男子の本懐であります」などと言って出征《しゅっせい》していった人も多かった。「男子の本懐」は別として、「とうとう本懐を遂げた」「本懐を遂げることができなかった」などとは今でも使えそうだ。

「本懐」とは、本望、かねてからの願い、という意味だ。出征兵士が、死ぬことを「本懐」としたとは、とても考えにくいし、それ以外に「男子の本懐」など使う場も思いつかない。それに、「女の本懐」とは言わないのはごく自然なことだろう。

その代わりというのも変だが、女子には「女の道」が強いられていた。柔順、貞節を旨とすべしというわけで「本懐」など抱くことも許されなかった。「女の道はなぜ険し」と歌った時代も過去となり、日々「ここに幸あり」を謳歌《おうか》する女性の増えたのは結構なことではある。

向こう三軒両隣り・お向かいさん・お向こう

かつては、引っ越しをしたら、「向こう三軒両隣り」への挨拶《あいさつ》は、当然のことだった。今ではマンションやアパートが多くなったから、両隣りはまだしも、向こう三軒そのものが存在しない状況が増えている。説明するまでもないだろうが、この言葉は、自分の家を中心として、道なり小路なりを挟んだ向かい側の三軒と、自分の家の両隣りとで、数えれば五軒となるが、要は隣近所のことを指している。

「向かい三軒両隣り」でもいいかもしれない。「お」をつけて「お向かい（さん）」とも言える。両隣りは、どちらも「お隣りさん」だ。裏にも家は並んであるから「裏隣り」とか「隣り裏」という言葉も用意されている。これには「お」はつけない。ところで、「向こう」に「お」をつけると、「お向かい」の意味にもなるが、微妙に変わった意味にもなる。つまり、やや敬った感じの、相手、先方の意となる。「結婚式はお向こう（さん）の気持ちを汲《く》んで早めました」などと使う。

袖《そで》振り合うも他生《たしょう》の縁《えん》

「袖振り合うも他生の縁」を「袖振り合うも多少の縁」と誤解している向きも多いようだ。ちょっとした縁と考えれば通じないものでもない。しかし、この場合は「他生」に意味が込められている。「今生」に対する「他生」だから、前世と来世で結ばれる縁ということになる。ちょっとした縁どころか、深い深い縁を言っているのだ。

しかし待てよ、来世のことまでもわかるのだろうかと、疑問に思ったところで、この「他生」は本来「多生」のことらしいと知る。「多生」は、文字通り、何度も生を繰り返すことである。そこで、何度も生を繰り返す輪廻《りんね》の中で結ばれた、深い縁ということになる。「他生」と「多生」、どちらが正しいというほどの区別はないにしろ、今日普通は「他生」の方を使う。

生々流転《るてん》、どんな小さな縁でも大事にしたいものである。だから、「袖振り合うも多少の縁」でもよしとしたいものだ。

感謝感激雨あられ・蟻《あり》が十匹猿《じっぴきさる》五匹《ごひき》

「感謝感激」は、感謝もしますし、感激もしています、と強めているわけだ。いわば「ありがとう」を速射するようなものだ。そこへ「雨あられ」を添えて、その強さに激しさまで加味する表現も生まれた。ただし、それだけ余計に気持ちが伝わるかというと、どうもあやしい。むしろ軽薄な気分がただようので気をつけたいものだ。「感謝感激」で、二つ返事の「はいはい」を思い起こせばわかる。

「ありがとう」からも、いろいろな表現が生まれた。「蟻が十匹」は最もポピュラーで、よく使われる軽口だ。「蟻が十匹猿五匹」までも言うのはまれになったが、もともとは「アリが十《とお》、五《ご》ザル」のしゃれだ。これが、「ありがとおならみみずははたち（蟻が十ならみみずは二十）」にまでなると、かえってまぜっ返すことになる。さらに「蛇《へび》は三十五で嫁に行く」までも続けると、聞かされた方がアタマに来るというものだ。「ありがた山」もよく知られ、「ありがた山の寒烏《かんがらす》・ほととぎす」などと続く変形もある。

結構毛だらけ

香具師《やし》が大道で品物を売ることを「啖呵売《たんかばい》」と言った。そのときの前口上《まえこうじょう》に出てくる言葉だ。何を売るにしても便利に使われたものだから、少々写しておこう。

結構毛だらけ猫灰だらけ。見上げたもんだよ屋根屋のフンドシ。見下げて掘らせる井戸屋の後家さん。上がっちゃいけないお米の相場。下がっちゃこわいよ柳のお化け。馬には乗ってみろ人には添ってみろってね。物のたとえにもいうだろう。物の始まりが一なら国のはじまりは大和《やまと》の国。泥棒の先祖が石川五右衛門《いしかわごえもん》なら人殺しの第一号が熊坂《くまさか》長範《ちょうはん》。でっかいのの手本が道鏡《どうきょう》ならのぞきの元祖は出ッ歯で知られた池田の亀さん出《で》歯亀《ばかめ》さん。兎を呼んでも花札にならないが、兄ィさん《二三四》寄ってらっしゃいよ、くに《九二》八つぁんお座敷だよと来りゃァ花街《はなまち》のカブ。……

と、まだまだ続く。なにも寅さん映画で覚えたわけではなく、室町京之介《むろまちきょうのすけ》さんが書いてくれた『香具師口上集』（創拓社刊）からお借りした次第だ。

ここで会ったが百年目・百年河清《かせい》を俟《ま》つ

「おうおう、この野郎、ここで会ったが百年目、この間の借りはきっちりと返させてもらうからな」とか、「ここで会ったが百年目、もはや逃げも隠れもいたしません」とかいうせりふを、時代劇などで聞いたことがあるだろう。

ずっと探していた人物とようやくめぐり合った気持ちや、ずっと隠してきた悪事がバレてもはやこれまでと観念し、覚悟を決めるときに使う。百年目にようやくめぐってきたような好機であった、または、そのような間の悪いときであったということだろう。

そもそも百年も生きない人間が、よくも大げさなことを言うものだ。「百年の恋も一時に冷める」を経験したことのある人は多いかもしれない。「百年河清を俟つ」は、いかにも中国流だが、意味するところは現実性のないことをたとえていう、慣用句だ。黄河の水の濁りは百年待ったって澄むことはないということをふまえて言う、古来有名な句だが、その黄河も、千年に一度は澄むとされているらしい。

お茶の子さいさい

「そんなことはお茶の子のさいさいだ」「あの人が相手なら、お茶の子さいさい、きっと勝ってみせる」などと使う。同意の語を重ねて、「朝飯前のお茶の子さいさい」と、強めても言う。

お茶の子は、「茶の子」のことで、お茶に添えて出す菓子など、茶うけのこと。茶うけは、ほんの軽いものだから、腹にたまることも、腹にこたえることもない。そこから、たやすいこと、容易にできることについて言う。単に「茶の子」や「お茶の子」でも形容動詞として使われたが、俗謡のはやし言葉の「のんこさいさい」をかけて、「お茶の子さいさい」と言うようになったらしい。

そんなことは「茶の子さ」、と言うよりは「お茶の子さ」と言った方がいかにも楽々できそうに聞こえるし、「お茶の子さいさいさ」と言えば、もっと軽快になるというものだ。「朝飯前のお茶の子さいさい、へのカッパ」まで言ってしまうと軽くなりすぎるが。

あたぼう・あたりき・あたりきしゃりき

「当たり前だ」ということを、「あたぼうヨ」とか「あたりきヨ」とか言う。古くは、単に「あたヨ」とも言ったようだから、多分「あたぼう」の方が古い言い方だろう。「ぼう」は例によって擬人化《ぎじんか》する接尾語かもしれないが、すりこぎをいう忌み詞《いことば》「当たり棒」にひっかけたという説もある。「あたヨあたぼうヨ」となればいかにも江戸っ子好みだ。「あたりき」の方が「当たり前」の尾を引いている感じだが、末尾「りき」にひっかけて「あたりきしゃりき」と続けるようになった。さらに進めて、「しゃりき」を「車力」と見なして「車引き」までも呼び込んで、結局「あたりきしゃりきくるまひき」と、長々しくなる。

こういう語呂合わせのような言葉には漢字は当てない方がいいし、かなの方が似合う時代になっている。ちなみに、「あたりまえ」は、漢語「当然《とうぜん》」を「当前」と書き替えて、それをさらに訓読みにしたものとする説が有力である。

クワバラ、クワバラ

事をし損じて、あぶない目に合いそうになったときに使う。「すんでのところで助かったよ、クワバラ、クワバラ」「危うく命拾いをした、クワバラ、クワバラ」などと。

語源説の一つに、菅原道真《すがわらみちざね》の領土の一つに桑原と呼ぶ地があったとして、その土地には、まったく雷が落ちなかったからというもの。道真公は、死んだ後に雷になったとも言われている。

もともとは、雷除《よ》けの呪文《じゅもん》であった。謡曲、狂言や落語などによく出てくる。「南無三桑原」と言えば仏様に頼み込む風情が加わる。雷だけでなく、一般にいやなこと、恐ろしいことからのがれたいときに使われるようになった。物騒なところから、逃げ出すときに言うのが本来かもしれないが、冒頭のように、ほっとしたところで言う場合も増えてきた。

この手の呪文《じゅもん》は、一つとなえただけでは効果が薄く、大方「クワバラ、クワバラ」と二度重ねて言う。さらなる効果を期待して三度重ねるのもよい。

げんを担《かつ》ぐ

「バッターボックスには必ず右足から入る」とか、「スタートラインに並んだら必ず八回足踏みをする」とか、「げんを担ぐ」スポーツ選手は多いようだ。

しかし、この「げん」が何のことかはあまり気にかけないまま、「縁起《えんぎ》を担ぐ」とほとんど同じように使っているようだ。

「げんがいい」とか「げんが悪い」とかの「げん」も「縁起」と同じと考えればいいようなものだが、改まって言えば「験」のことだ。「試験」「体験」など、調べるとか、試すの意の「験」はおなじみだが、「験」にはもう一つ、しるし、あかし、の意味がある。神仏に祈って現れる効験を「霊験《れいげん》」と言う。難行、苦行を積んで「霊験」を修得するのが「修《しゅ》験道《げんどう》」で、その域に達した人が「修験者《しゅげんしゃ》」だ。「験」の音は、元来が「ゲン」だ。

というわけで、「げんを担ぐ」とは、ある行為をすることによって、よい結果や好ましい効果をねらうという意味である。ある種、神様仏様頼みの行為であると言えるかもしれない。

ちちんぷいぷい

「ちちんぷいぷい御世《ごよ》の御宝《おんたから》」と続けるのがもとの形だったらしい。体を何かにぶつけたり、けがをしたりした子供を、なだめるときに使う。これは痛むところをさすりながら、周りにいる大人が唱える呪文のようなものだ。「御世の御宝」の意味を念のために記せば、この世の宝物の意で、おお大事なところを、かわいそうに、といった気分だろう。

「ちちんぷいぷい御宝」と略すこともある。今日では「ちちんぷいぷい、痛いの痛いの飛んでいけ」と、前半だけを使ったり、「さあお姉さんがちちんぷいぷいをしてあげるから、もう泣かないで」と、その呪文の代名詞のようにも使う。この語は、子供に品物を自慢げに広げて見せるときにも使う。もとは手品で唱えたものだろう。

「ちちんぷいぷい七里《しちり》けっかい」というのを、辞書で教わった。いやなことや恐ろしいことを遠ざけようというときに使ったらしい。「七里けっかい」は、多分「七里結界」で、身の周り七里の中には来るなということだろう。大人用のちちんぷいぷいだろう。

指切りげんまん、嘘ついたら針千本のーます

子供が約束を誓う言葉は、各地にいろいろあったが、現今では、ほとんどこの表現が使われているようだ。「指切り」の類似形には「指かけ」「指引き」「指ちょき」などがあった。いずれも小指を使うのが普通だ。

「げんまん」は、げんこつを一万回という意味で、漢字で書けば「拳万」だ。短く「げんま」と言うことが多い。「嘘ついたら針千本」は、「拳万」よりは恐ろしい罰だ。「げんま」を「いっかん」という方言があるが、漢語「一貫」から来ているのだろうか。こうして約束して、それを破ったからといってげんこつ一つくらいで済むのが子供の世界だ。

これが大人となると別で、博徒《ばくと》など、ならず者の世界では「指を詰める」と言って、ほんとうに小指を切ったり切られたりする。遊女にも同じようなならわしがあったようで、「指切り髪切り入れ黒子《ぼくろ》」と、並んでいる。そんなことでもしなければ真情を伝えることができなかった遊女たちはあわれである。

いろはにこんぺいと・さよなら三角またきて四角

しりとり遊びは、大人も子供もいっしょに楽しめる。同じように、言葉から言葉へと移していく連想遊びもあって、いろいろなものが各地に伝承されている。その代表は、

いろはにこんぺいと　こんぺいとはあまい　あまいはおさと　おさとはしろい　しろいはうさぎ　うさぎははねる　はねるはかえる　かえるはあおい　あおいはおばけ　おばけはきえる　きえるはでんき　でんきはひかる　ひかるはおやじのはげあたま

途中の「かえる」に変えて「のみ」を出し、「のみ（とぶ）↓ひこうき（うなる）↓らいおん（こわい）↓おばけ」と続けるものもあるが、多くは「おやじのはげあたま」で終わるようだ。

この類の一つに「さよなら三角　またきて四角　四角はたんす……」と続くものがある。この最初の二句をドラマなどが取り込んで、男女の逢瀬《おうせ》の場面で使うことがあったらしい。

この項では、鶴田洋子著『ことば遊び』（誠文堂新光社）と、川崎洋著『日本の遊び歌』（新潮社）とを参考にさせていただきました。

ちゅうちゅう蛸《たこ》かいな・鯖《さば》読み

子供がおはじきの数を数えるときによく使った言葉だ。物を早く数えるときは、二、四、六、八、十と二つずつ数えるものだが、それに合わせて唱える、しゃれた文句である。十まで数えたらまたはじめから、この文句を唱えて、さらに十を加えていくわけだ。

語の成り立ち具合を見ておこう。まず「ちゅうちゅう」はすごろくの用語「重二」の変化したものだとかで、「二二」を二回で「四」になる。「蛸」は、その足八本から「八」とわかるが、「六」が抜けてしまうし、最後の「かいな」もあまりよくはわからない。しかし理屈は別として、口にしてみると、「二、四、六……」にぴたりと合う。

地方によっては、「ちゅうちゅうたあかいのとお」とか、「ちゅうちゅうたまかいのじゅう」とも言うそうだ。末尾の「十」で、しまりもよいし、わかりやすくもある。

ちなみに、二つずつ数えることを「鯖読み」と言った。早口で数えたり、数をごまかしたりすることにいうとする説もあるが、「鯖読み」とは、少なく数えることが本来の意味らしい。

知らぬ顔の半兵衛《はんべえ》・知りて知らざるは上なり

「しつこく聞かされたが知らぬ顔の半兵衛でやり通したよ」などと使う。「知らぬが半兵衛」とか「半兵衛を決め込む」とかとも使われる。

一説に、これは、戦国時代の武将、知恵者で知られた美濃《みの》の竹中半兵衛がモデルになっているという。半兵衛さんは、敵方の策を察知しながら、それを知らぬふりで通し、逆に利用してしまったとされる。そんな半兵衛の様子を描く語り物をまねて、「そのとき、半兵衛、知らぬ顔」と、せりふ回しのように言って、とぼけることもある。

老子も、「知りて知らざるは上なり、知らずして知るは病《へい》なり」と教えている。なまじの知識で「知ったかぶり」をするよりは、よく知っていながら「知らないふり」をする方が、時には得をすることがある。同じことを老子は、「知る者は言わず言う者は知らず」とも戒めているが、知っていることを黙っていることはなかなかできないものだ。「知らぬが仏」といって、知らないままでいる方が平穏な場合も多いが。

平気《へいき》の平左《へいざ》・やけのやんぱち・やけっぱち

何があっても、まったく平気でいること、がんとして動じないことなどを「平気の平左」と言う。もとの形は「平気の平左衛門《へいざえもん》」かもしれないが、知らぬ顔の半兵衛と違って、実在の人物ではない。単なる語呂合わせだから、「平気の孫左衛門《まござえもん》」とも言った。

「周りの者みんなが気をもんでいるのに本人は平気の平左だ」「まったく図太いやつったらありゃしない、何を言われても平気の平左なんだから」などと使う。

「やけのやんぱち」は、「やけになる」「やけくそ」の「やけ（自棄）」に「やん八」がくっついた言葉。こちらも特定の人物のことではなく単なる語呂合わせだ。その証拠に、「やけの弥左衛門《やざえもん》」とか「やけの勘八《かんぱち》」と言ったりもする。「やけのやんぱちだ、素手でかかっていこう」「その程度のことでやけのやんぱちを起こしちゃ損だよ」などと使う。

ところで、「やけ」を強めて「やけっぱち」と言う。これはひょっとして、「やけのやん八」の「八」を取り込んだものではないだろうか。

その手は桑名《くわな》の焼き蛤《はまぐり》・恐れ入谷《いりや》の鬼子母神《きしぼじん》

「その手は食わぬ」でも「その手は食わないよ」でもいいところを、しゃれてこのように言う。「食わぬ」を「桑名」にひっかけて、さらにその地の名物「焼き蛤」をも呼び込んだ表現だ。桑名は伊勢桑名と並び称されるほど知られていた地名で、東海道の主要な宿場町として栄えた。対岸の尾張国《おわりのくに》の宮《みや》（熱田神宮の門前町）とは、七里の渡しで結ばれていた。焼き蛤でも有名だったのだ。

このように、地名を織り込んで、にぎやかに調子を整える慣用句は多い。「恐れ入ります」を「恐れ入谷の鬼子母神」としゃれて言うのは江戸っ子好みのきまり文句だ。解説を加えるまでもないかもしれないが、「恐れ入る」の「入る」に地名「入谷」をひっかけて、その地にある有名な「鬼子母神」を呼び込んだものである。

類例を挙げれば、「うそを築地《つきじ》の御門跡《ごもんぜき》」「かんにん信濃《しなの》の善光寺《ぜんこうじ》」「なんだ（涙）は目にある神田は東京」などがある。

驚き桃の木山椒《さんしょう》の木・びっくりしゃっくり

大げさに驚くときに発するものだが、いささか軽すぎて現実味はない。そもそも、語呂合わせやしゃれは、ちょっとはぐらかす要素が加わるからだ。「驚き桃の木山椒の木」の場合は、「驚き」の「き」を受けて「桃の木」と「山椒の木」を呼び込んだ語呂合わせになっている。

「驚き栂《つが》の木椿の木」でもいいのだが、人口に膾炙《かいしゃ》しきっている句にはじかれてしまうから、通りが悪い。仮に「驚き山の山椒の木」とでもすると、きまり文句を思い出させるので通じるかもしれない。

「びっくり」には「しゃっくり」が似合うが、この「しゃっくり」は例の続けて胸から出てくるものと関係があるのだろうか。しゃっくりを止めるのに、びっくりさせるのは効果があるようだが、ここではそれとは関係のない語呂合わせだろう。だから、「びっくりしゃっくり」の代わりに、「びっくりくっきりしゃっくり」などでも通じるだろう。

犬が西向きゃ尾は東・犬の川端《かわばた》歩き

「犬が西向きゃ尾は東」は、「当たり前」のことを言うのだが、現実に使われる場面は想定しにくいし、昔から使われてきたものではなさそうだ。あまり書き加えるべきこともないので、犬さんに別の形で登場してもらうことにする。

「犬の川端歩き」だが、これは文字面だけからは想像がつかないものだ。犬が、食べ物などは落ちていそうもない川端を歩いても無駄だという意味から出たらしい。転じて、人が何の目的もあてもなく出歩いて何かにありつこうとすることを言った。また、外出して途中何か食べたいと思いながら食べずじまいになることなども言ったらしい。単純に、外出途中で何も口にしないことにも言った。

外出する大人に、いっしょに行きたいとせがむ子供には、「いいけど、今日は犬の川端歩きだよ」などと、釘をさして言ったそうだ。略して「今日は犬川だよ」とも言ったとか。なかなか、味のある言葉だ。

どこの馬の骨かわからない・馬の耳に念仏

「あんなどこの馬の骨かわからないようなヤツに、大事な娘をやれるかっ」とは、一昔前のオヤジのせりふなら許されるが、今ごろ「馬の骨」なんて言ってはいけない。氏素性《うじすじょう》もわからない下賤《げせん》な奴なんて、めったにいないものだ。

しかし、単なるののしり言葉としては飛び出しそうだ。で、なぜそれが「馬の骨」なのか。一説に、中国ではニワトリの骨「鶏肋《けいろく》」とともに役に立たないものの代表として数えられていたところから来ているともいう。

骨となってしまえば人間だって役に立たないのに、馬には気の毒だ。「馬の耳」もかわいそうなことになっていて、「馬の耳に念仏」などと言ってバカにされる。「馬の耳に風」も同じように使われるが、これは中国出自の「馬耳東風《ばじとうふう》」から来ている。漢語の方には、おおらかに聞き流す雰囲気が残っていて救われる。聞きたくもない、いやなお説教は「馬耳東風」を決め込むに限る。

それにつけても金の欲しさよ・根岸《ねぎし》の里のわび住まい

連歌や連句で、前の句につけるのを「付け句」という。連座中でつけなやんだとき、「それにつけても金の欲しさよ」とつければ、たいていは前句に合うというわけだ。あまり品のいいことにはならないが、試してみよう。

鶯《うぐいす》や餅《もち》に糞《ふん》する縁《えん》の先《さき》——それにつけても金の欲しさよ

市中《いちなか》は物のにほひや夏の月——それにつけても金の欲しさよ

片や芭蕉《ばしょう》、片やその弟子凡兆《ぼんちょう》の句。おそれながら、めでたく合っただろうか。

もう少し風流なのが「根岸の里のわび住まい」だが、こちらは発句で、どんな初句にも続けられるというものだ。

秋立つや——根岸の里のわび住まい

秋もはや——根岸の里のわび住まい

こんどは一茶《いっさ》と鬼貫《おにつら》の句の初句を借りたものだが、つきすぎたろうか。

初めちょろちょろ中ぱっぱ赤子《あかご》泣いても蓋《ふた》取るな

「初めちょろちょろ中ぱっぱ」は、おいしい御飯の炊き方の要領としてよく知られてきたものだ。言うまでもなく、竈《かまど》にお釜《かま》の時代のたとえである。炊き始めは火を弱くして、中程で火を強めることがコツで、炊いてる間は、たとえ赤ん坊が泣いても、決して蓋を取るようなことをするなという意味である。

途中の「ぱっぱ」を「かっか」とする場合もあるようで、その方が火の勢いを連想させるし、次に続く「赤子」にかかって調子もよさそうだ。

ほとんどの家庭では、電気炊飯器に替わってしまって、縁のなくなった句であるが、あの中にも同じような仕掛けがなされていると思いたい。しかも、そのことをうたい文句にした宣伝もあったそうだから、本質的な違いはないのかもしれない。

一般の比喩に使ってみてはどうだろうか。「この原稿は始めちょろちょろ中かっか、女房泣いても筆置くな」の戦いの末に完成した。

付章　物の数え方

いちじく　にんじん　さんしょに　しいたけ　ごぼう　むかご　ななくさ
やさい　きゅうりに　とうなす

——伝承数え歌の一例——

「つ」と「個」の使い分け

孫のかわいさは「つ」がつく間だけだということを教わった。「一つ、二つ、三つ」のうちは当然かわいいし、成長して「八つ、九つ」となるあたりからあやしくなるものの、まだ大丈夫、まだおねだりもかわいいものだ、というわけだ。

十歳以上は、もはや「つ」は使えないので「十一歳、十二歳」と数えていくことになる。そうなると、おねだりもずうずうしくなって、高いものとなり、かわいさ半減となるやもしれずという成り行きで、「つ」時代のように、無条件に、あるいは思うようにはかわいがれなくなるらしい。

さて、同じ年齢にしても、年の違いについて言うときに、「彼は三個年上よ」とか「あいつとは二個しか違わない」と「つ」でなくて「個」を使う若者が多いらしい。だからといって、なぜか、「彼は二十五個」とか「あいつはまだ二十個だ」とか言うわけではない。「電車の事故が二個も続いたので遅刻しました」などと弁解された上司は、余計アタマに来るだろう。「事故が二つも重なって、ぐらいに言ってみろ」とたしなめる元気もなくなるというものだ。

ところで、「つ」と「個」の使い分けについてはいろいろ説を立てる人があるようだが、実は、冒頭のエピソードにヒントがあるのではあるまいか。つまり、簡単に言ってしまえば、一般に十以下程度しか数えないものは「つ」で、十以上になるものは「個」、ないしはそれぞれに固有の助数詞を使うことになる。

太陽も月も数えるとすれば「つ」だ。「月が二つに見える」を「二個に見える」とは言いにくかろう。星も、せいぜい一番星、二番星……で十以下に数える程度のケースが多いので、日常では、「つ」で間に合う。事故や事件も、そう多くのケースは想定しないので、この類も、「つ」でよい。計画や仕事、あるいは、疑問、質問なども「つ」の方がよい。「一個質問してもいいですか」なんて言う若者はありそうだが、例外だろう。

こういうわけだから、具体物については「個」を、抽象的な事柄については「つ」を使うといった分類をあえてするまでもないかもしれない。抽象的な事柄については、十を超えるほど多くまでを数えることはまれであるから「つ」で間に合うと見たい。

とは言え、「つ」の役割は十で終わってしまうので、それを超す場合は「個」とならざるをえない。その段階に至ってもなお、「個」でいくか固有の助数詞を使うかで分かれる。事故や事件なら「件」が適当だが、疑問や質問となると適当なものがないので、数を数えて「二、三十も疑問が出てきた」「十を超える質問に答えるのに往生した」などと言う。

そこで、物事に特有な助数詞が問題になってくる。それらのうちに、忘れられたものが多くなったので、数え方の事典や辞典が次々に出版されている。そんな状況を考えて、本書でも、忘れられかけている助数詞を、少し挙げてみることにする。

忘れかけている物の数え方

基本的な助数詞について

物の数え方に関与する接尾語を助数詞と呼ぶ。「つ・ツ」と「個・こ・コ」はまさに基本中の基本で、ほとんどの物に使えるものだが、先に見たような違いがある。もう少し詳しく見ておこう。

「個」の方は、中国伝来の漢語で「箇」と書くこともある。両字ともに、コ・カの音があるものの「箇」の方は、多くはカの音に使われ、この字から「个」「ケ」が生まれたともされる。

つまり、「箇」の竹冠から出たとするものだ。ところが、「个」は「箇」の別体とされる漢字で、コ・カの音を備えている。「ケ」はその変形であるが、カタカナの「ケ」と混同される。そこで、片仮名「ケ」そのものがこのようにして生まれたという説もある。ただし、カタカナの字源は「介」という見方が正しい。

以前は助数詞「個」の代わりに「ケ」を当ててコと読ませてもいた。ふざけて発音通りにケと読んで「六ケ《ろっけ》も食べちゃった」などと言うこともあった。明治天皇の「五箇条の御誓文」を思い出してもらうのは無理としても「箇条書き」は誰でも知っていよう。「一箇所・二箇所・三箇所……」のように助数詞「箇《か》」の方も活躍の場は広い。ところが、これを「一ヶ所・二ヶ所・三ヶ所……」のように書いた伝統もあるのだ。今日では「一か所・二か所・三か所……」と書くのが普通になっている。

一方の「つ」については、その語源はよくわかっていない。九までしか数えられないということは、それくらいにしか数の概念がなかった大昔の痕跡が尾を引いているということだろうか。ただし、「百（もも）つ」「五百（いお）つ」などという慣用はあった。

「個」「箇」「つ」以外の基本語として思いつくものを挙げておこう。「本」は棒状のもの、「枚」は平らなものに使う。動物は基本的に「匹」で、大きくなると「頭」にもなる。植物は、「本」と「株」が基本だろう。

以上の基本から離れているものも多いわけで、それは、物自体の特色をとらえたものか、比喩や連想から当てられている。以下にその類を思いつくままに挙げてみるが、基本的な助数詞にかかわるものは省略することとする。

物に即した数え方

まずは、物自体が忘れられかけているものから見てみよう。

▼甲冑《かっちゅう》は具足《ぐそく》とも言うように、一揃《そろ》いでは「具（ぐ）」。もちろん「着」でもいいが、古くは「領（りょう）」とも言った。「領」には襟《えり》の意があり、格式ばった衣服にはこれを使った。甲冑の「領」は鎧《よろい》で代表させた形である。

▼刀剣には「振（ふり）」がある。柄のあるものは「柄（へい・から）」も使い、槍《やり》や長刀《なぎなた》にも似合った。下って、大砲は「門（もん）」、鉄砲は「挺（ちょう）」、今日では丁とも書く。

▼琵琶《びわ》・琴・太鼓などには「面（めん）」がある。「張（はり・ちょう）」も使う。
▼謡《うたい》は「番（ばん）」、長唄・清元などは「曲（きょく）」。それらの一部分や短い唄い物を「一くだり」と言う。くだけて言えば「一くさり」となる。
▼腰巻・褌《ふんどし》は「枚（まい）」でいいのだが、一に限って「褌一丁（一本）で……」などとなる。
▼袴《はかま》については「具（ぐ・よろい）」も使う。この「よろい」は、一揃いの意があり、家具・調度などにも広く使われた。
▼布・反物《たんもの》は、そのものから「反（たん）」。一人前分の衣料のことで、二反で「一匹・疋（ぴき）」となる。

ちょっと変わった数え方

物はまだあるものの、ちょっと変わった数え方、だから、忘れられかけてもいそうな教え方を挙げてみよう。
▼箪笥《たんす》は「棹（さお）」で数える。行李《こうり》を数える「梱（こり）」は、行李そのもの。
▼茶碗《ちゃわん》・お椀《わん》・皿の類を「客（きゃく）」で数えるのは、お客さんの数を想定したも

ので、瀬戸物のお店では五客一揃いでいくらなどと使う。
▼掛け軸は「幅（ふく）」。屏風《びょうぶ》は「架（か）」「帖（じょう）」「丁（ちょう）」など。屏風には絵が描かれていて、屏風絵の一面を「曲（きょく）」で数え、「六曲一双」などは大作に属する。
▼碁《ご》・将棋《しょうぎ》の対戦は、「局（きょく）」「番（ばん）」で数え、石や駒を打ち進めるのを「手（て）」で数える。碁石や碁盤の目には「子（し・もく）」を当てる。
▼雲・煙には、「筋（すじ）」「条（じょう）」がしゃれている。川についても同じ。遅れ毛にも筋がいい。
▼山は、高くて立派なものに「座（ざ）」を使う。「峰（ほう）」もある。
▼神社は「社（しゃ）」が普通だろう。寺はいろいろになる。有名な寺をまとめた「奈良七大寺」とか「百か寺詣《もう》で」とかには「寺（じ）」を使う。山号を持っているお寺が多いから「山（さん）」も使う。建物に注目して「宇（う）」も使う。「四国八十八箇所」とか「西国三十三所」など、霊場は「所（しょ）」だ。
▼遺体・遺骨は「体（たい）」、霊になると「位（い）」「柱（はしら）」。ただし、柱は英霊に似合う。

妙なところに入ってしまったので、食に転じよう。
▼鏡餅《かがみもち》は、必ず二枚で飾るから「重（かさね）」、「一据《す》わり」とも言う。
▼羊羹《ようかん》は「棹（さお）」、複数箱に入れば「折（おり）」となる。
▼西瓜《すいか》・南瓜《かぼちゃ》など丸いものは「玉（たま）」で数える。
▼鯛《たい》・平目・鰈《かれい》など平たい魚は「枚（まい）」。烏賊《いか》や蛸《たこ》は「杯（はい）」。鮭《さけ》丸ごとは「本」。
▼握《にぎ》り鮨《ずし》は、同じネタは二つ揃って出され、これを一貫（かん）と言った。今日では、一つを貫で数えるようにも変わったらしい。これは妙な話で、今でも一つのネタを注文すれば必ず二つ揃えて出してくれる。回転寿司《ずし》だって、皿には二つずつ載っているのが普通だ。「貫」という数え方自体が消えていくのだろうか。

動物の数え方で変わりものを挙げてみる。
▼鯨《くじら》・海豚《いるか》などは「頭（とう）」、ご存じ哺《ほ》乳類だから。昆虫などでも大きいものを「頭」で数える。なぜか、蝶《ちょう》については「頭」に固執されることが多い。
▼兎《うさぎ》は、「羽（わ）」で数える。大きな耳を羽に見たてたらしい。獣を食することを禁じられていた僧たちが、兎を食するときの弁解に使ったという説もある。

▼人魚は人並みに数えるのがいいだろうが、鬼はいい奴でも「匹（ひき）」のようだ。

事の頻度《ひんど》・回数などに使う言葉

同じ数えるにしても、物を数えるのではなく、事の頻度や反復継続する事柄の数を数える場合には、また別の接尾語を使う。「回（かい）」「遍（へん）」がその代表だ。「地震が三回も続けざまに来た」というのを、いかに若い人でも「三個」とは言わないだろう。「読書百遍意自ずから通ず」に「百回」は似合わない。ほかに「度（ど）」がある。この「度」は、「つ」に似ていて、抽象的な事柄に使われる。「三度の食事」「仏の顔も三度まで」など。やはり、あまり多い数には使えない。「夜中に三度もゆれた」はいいとして、「地震は一日に二十度もあった」などはそぐわないようだ。普通は「二十回」だろう。「度をすごす」「度がすぎる」など、程度についていう言葉だからだろうか。ただし、「お百度詣《まい》り」など慣用的な使い方は別にあろう。

索引

青春新書
INTELLIGENCE

こころ涌き立つ「知」の冒険

いまを生きる

"青春新書"は昭和三一年に――若い日に常にあなたの心の友として、その糧となり実になる多様な知恵が、生きる指標として勇気と力になり、すぐに役立つ――をモットーに創刊された。

そして昭和三八年、新しい時代の気運の中で、新書"プレイブックス"にその役目のバトンを渡した。「人生を自由自在に活動《プレイ》する」のキャッチコピーのもと――すべてのうっ積を吹きとばし、自由闊達な活動力を培養し、勇気と自信を生み出す最も楽しいシリーズ――となった。

いまや、私たちはバブル経済崩壊後の混沌とした価値観のただ中にいる。その価値観は常に未曾有の変貌を見せ、社会は少子高齢化し、地球規模の環境問題等は解決の兆しを見せない。私たちはあらゆる不安と懐疑に対峙している。

本シリーズ"青春新書・インテリジェンス"はまさに、この時代の欲求によってプレイブックスから分化・刊行された。それは即ち、「心の中に自らの青春の輝きを失わない旺盛な知力、活力への欲求」に他ならない。応えるべきキャッチコピーは「こころ涌き立つ"知"の冒険」である。

予測のつかない時代にあって、一人ひとりの足元を照らし出すシリーズでありたいと願う。青春出版社は本年創業五〇周年を迎えた。これは一重に長年に亘る多くの読者の熱いご支持の賜物である。社員一同深く感謝し、より一層世の中に希望と勇気の明るい光を放つ書籍を出版すべく、鋭意志すものである。

平成一七年　　刊行者　小澤源太郎

著者紹介
倉島長正〈くらしま　ながまさ〉

1935年長野県生まれ。早稲田大学文学部国文学科卒業。小学館『日本国語大辞典』の初版全20巻の編集長を務めたほか、諸辞典の編集に携わった。
著書に『日本語101話』『日本語から日本が見える』（東京新聞出版局）、『正しく美しい日本語のしくみ』（日本実業出版社）、『国語一〇〇年』『日本語一〇〇年の鼓動』（小学館）、『国語辞書一〇〇年』（おうふう）などがある。

日本人《にほんじん》が忘《わす》れてはいけない
美《うつく》しい日本《にほん》の言葉《ことば》

青春新書
INTELLIGENCE

2005年1月15日　第1刷
2015年9月30日　第6刷

著　者　倉《くら》島《しま》長《なが》正《まさ》

発行者　小澤源太郎

責任編集　株式会社プライム涌光
電話　編集部　03(3203)2850

発行所　東京都新宿区若松町12番1号　〒162-0056　株式会社青春出版社
電話　営業部　03(3207)1916　振替番号　00190-7-98602

印刷・堀内印刷　製本・ナショナル製本

ISBN978-4-413-04111-9